西洋近代

幼児教育思想史

―コメニウスからフレーベル―

乙訓　稔

東信堂

まえがき

周知のように、近代という時代区分は一般的には一八世紀を中心とする前後の世紀を言うが、その時代的な特徴として、社会的には中世以来の封建的身分制が撤廃され、自立した個人が都市を形成して営む市民社会が挙げられる。また、経済的には宗教改革以来のプロテスタンティズムの倫理に基づく自由な営利活動によって成立した資本主義が近代の特徴として挙げられる。さらに、政治的にはイギリスをはじめとして欧米において確立された議会制や立憲制を基本とする政治体制が特徴として指摘される。

一方、哲学史上では、近代精神の特徴として人間主義と科学的合理主義と人格の自立が挙げられる。すなわち、それぞれは、中世の彼岸的人生観や宗教的権威から離脱して現世的な人間を主張する立場や、キリスト教会の目的論的宇宙観を脱して因果律に基づく自然観や世界観を展開する立場と、人間が自由と平等であることを自覚した個人の確立を志向する立場である。このような近代精神の表れが、イタリア・ルネッサンスや宗教改革の影響を受けて台頭した人文主義と、自然科学の基礎となる一七世紀初頭のF・ベーコンに端を発するイギリス経験論の哲学の成立であり、また一七世紀から一八世紀にかけてイギリス、フランス、ドイツにおいて次々と開花した啓蒙主義の哲学である。まさに、こうした精神活動の影響のもとに、産業革命やフランス革命が近代の象徴的事件として展開されたのである。

近代は、世界の歴史全般において画期的な時代であったと言えるのであり、教育の領域における動きも例外ではない。すなわち、ヘーゲル以後の最も偉大な精神史家で、解釈学的方法により「生の哲学」を構築した二〇世紀初頭のドイツの哲学者ディルタイは、『教育学―歴史と体系の基本―』(*Pädagogik, Geschichte und Grundlinien des Systems*)において、一八世紀は教育の領域でペスタロッチを頂点として新しい教育家たちが輩出した「黄金の時代」(das goldene Zeitalter)であると述べている。

ディルタイが述べているように、子どもの魂や生命を抽象化し、分析して解明する心理学者や教育学の理論家たちは、ペスタロッチやフレーベルを夢想的であると冷笑するかもしれないが、ペスタロッチやフレーベルはそうした理論家たちよりも子どもの生命や感情の理解においてすぐれていたのであり、彼らは「教育の天才」(der pädagogische Genius)であって、子どもの精神の認識と知識の伝達や教授方法において優れた発見能力を持っていたのである。まさに、近代の黎明期のコメニウスを先駆として、ルソー、ペスタロッチ、フレーベルと続く近代の教育思想家群像は、哲学史上のカント、フィヒテ、ヘーゲルと続く哲学者群像の大山脈にも譬えられるのであり、その業績は教育史上において燦然と輝いている。

ところで、一九六〇年代後半から近代精神の普遍的、統一的な意義を問題視するポストモダン主義が新しい思潮として流行したが、しかしポストモダン主義が主張するように、近代の遺産としての理念や価値を拒否して近代以後を語り得る状況が、果たして今日の一般的な状況であると言えるであろうか。むしろ、筆者は現代の思想状況や人間社会の活動のうちに、近代以前の状態や近代の精神と理念の未熟状態を見出すのである。本書は、このような「近代性」の問題を全般的に論じることを課題とする論考ではないが、本書で取り上げた近代の代表的な教育の思想家や教育家たちの幼児教育と保育の思想において、近代教育思想として特徴づけられるものや、またそうした近代の教育思想から再認識しなければならないものを指摘することを課題としている。

また、本書は、幼児の教育や保育の学習と研究に携わる学生や若い研究者たちが、古典となっている近代の教育家や教育思想家たちの業績を学ぶ契機になることを願う書であり、また今日の幼児の教育と保育の実践に従事する若い教師たちが近代の幼児教育の思想から実践に活かすべきものを再発見することを期待する書である。そして、さらに言えば、本書はまさにディルタイが解釈学的方法によって「教育の天才」を論じたように、筆者が近代を代表する教育思想家と教育家たちの思想を追体験的に解釈した論考である。したがって、本書の執筆においては、取り上げた各思想家の「生涯」と「評価」では先行研究や教育史の主な論考を参考にしたが、紙数の多くはそれぞれの思想家の原典を解釈し、その要約を中心として論及することに努めた。尚、原典がラテン語のコメニウスとフランス語のルソーは、恩師の稲冨栄次郎先生をはじめ先哲の訳書に依った。

終わりになったが、本書の執筆動機は、長らくペスタロッチ研究を専らのこととしてきた筆者が、ペスタロッチ研究での博士号取得後、ペスタロッチ研究との関連でこれまで書き記してきた教育思想家たちの幼児教育思想を焦点としてまとめようとしたことにある。浅学な筆者は現在までに数冊の『幼児教育史』や『教育思想史』の編著に目を通しているが、『幼児教育思想史』と題する単著については窺い知らないことがまた本書の出版の動機ともなっている。

最後に、折からの厳しい出版事情にも拘わらず、本書の出版を即座に快諾して下さった東信堂の下田勝司社長に、心からお礼を申し上げたい。また、編集については同社の向井智央氏に大変お世話になったことを深く感謝したい。

二〇〇五年厳冬

著者　乙訓　稔

目次／西洋近代幼児教育思想史

西洋近代幼児教育思想史

――コメニウスからフレーベル――

第一章　ヨハン・アモス・コメニウス

1　生　涯

コメニウス(Johann Amos Comenius)は、一五九二年三月二八日、モラビアの小さな町ウヘルスキー・ブロード近郊の小村ニヴニッツェ(Nivnice)に生まれた。父は裕福な製粉業者でボヘミア同胞教団(フス系タボール派)の熱心な信者であったが、コメニウスが一〇歳の時に死亡した。続いて、母親や姉妹たちも死亡し、彼は一二歳で孤児となったが父方の叔母に養育され、四年間の初等教育をボヘミア同胞教団の付属の学校で受け、そこで読み書きや計算を習った(1)。

その後、プシェロフのラテン語学校に入学し、二年間人文主義教育を受け、一六一一年牧師になるためにプロテスタント・ルター派のヘルボルン大学で神学を二年間学び、またアムステルダムやハイデルベルクにも留学した。彼は、一六一四年プシェロフで初等学校の教師となり、一六一八年フルネックに移り、教団の執事や教団付属の学校長を務めたりしたが、その年に勃発した三〇年戦争に巻き込まれて妻と二人の子を失い、一六二八年神聖ローマ帝国のカトリック強化政策から逃れてポーランドへ避難した。ポーランドでは、コメニウスは隠遁的な生活のなかであったが、リッサのギムナジウムで教師や校長として教育法を研究し、その間にラテン語が母国語と対照的に印刷されているテキスト『言語の扉』(*Janua Linguarum Reserata*, 1631)や『大教授学』(*Didactica Magna*, 1632/38)を著し、普遍的な学問で、すべての学芸に通用する汎知学の普及のための著作に専心した(2)。

一六四一年、コメニウスは永住のつもりで渡英し、ロンドンで学者や文人をはじめ平和主義者たちと交わるが、政治情勢の悪化からロンドンを去りスウェーデンに移った。一六四八年、三〇年戦争が終結したので、彼はポーランドに帰り、ボヘミア同胞教団の主席牧師となった。一六五〇年には、ハンガリーのサロス・パタークで階梯的に段階づけられた七年制学校の経営とカリキュラム作成にあたり、一六五五年ごろまでサロス・パタークの学校を理想の汎知学校に仕上げたいと努力するが、支援者の死もあってポーランドに戻った。

しかし、その後カトリック国とプロテスタント国の再度の軍事衝突のため、コメニウスはドイツを経てアムステルダムに落ち着き、それまでの教育論を『コメニウス教授学大全集』の一冊に集大成して一六五七年に出版している。特に、一六三一年の著『言語の扉』を改作し、世界で初めて教科書に絵を掲載した『世界図絵』(*Orbis Sensualium Pictus*)を一六五八年に出版した。その後、プロテスタント諸国の団結と平和のための政治活動を行ったが、一六七〇年一一月一五日に七八歳でアムステルダムにおいて客死した[3]。

2　人間観と児童観

コメニウスは、教育史上で最初の体系的教授法や階梯的な学校制度を論じた主著『大教授学』において、「もしも人が真の人間となるべきであるならば、彼は教育されねばならない」[4]と述べ、「人間の人間たる所以のものに於いて、訓練せられた者でない限り、何人といえども人間と呼ばれることはできない」[5]と述べている。これは「教育は実に万人に対して必要なものである」[6]ことを意味するだけでなく、人間は被創造物の中で、最も高く、最も絶対的で卓越した存在であることを意味している[7]。つまり、コメニウスによれば、人間は、神の伴侶となるために神の似姿として創造されているので、他の動物と異なり理性をはじめ不断に自分の能力を働かせることにより、来世における永遠の生命を獲得するための準備をしなくてはならないのである。コメニウスは、そうすることが教育の目的なのであり、また教育の仕事に一身を捧げようとする者はそのことを肝に命じなければならないと述べている[8]。

このような人間観が、キリスト教プロテスタント派のボヘミア同胞教団の牧師であったコメニウスが持っていた人間観であり、いわばそれはキリスト教的人間観そのものと言ってよいであろう。したがって、彼の児童観もそのような人間観に基づいているのである。すなわち、彼は、『母親学校の指針』(*Informatorium Maternum*, 1633)において、「幼子は、この上もなく高価な、神の賜物」(9)であり、「幼子を自分自身のものではなく、神の幼子、神のために産み出された幼子として、私たちが尊重するべきである」(10)と述べている。そして、彼は子どもを尊いものと見なければならない理由として、子どもは「私たち自身の本質から生じ、私たち自身と同じ」(11)であり、「私たちの後に続く世界の住民……相続人、となる」(12)存在であるからと述べている。それゆえ、コメニウスによれば「自分のために抱く情愛と尊重を、幼子に対して抱くのは、私たちの義務」(13)であり、「幼子は、親にとって、銀、金、真珠、高価な宝石よりも高価なもの」(14)なのである。

子どもは我々自身の分身であり、後継者であるというこの彼の論述は、教育の機能のひとつである「社会の存続」という概念を含むものであり、教育を考えるうえでの重要な視点であるが、しかしそうした考えは一方で非キリスト教的な児童観として解釈されるかもしれない。だが、コメニウスの児童観では、むしろ前者の幼子は神の賜物であるという思想に主眼があって、後者はそのことを説明し、補完する考えとして我々に身近な理由として挙げていると考えるべきであろう。なぜなら、この章句の論述には、「子どもは、罪の無い者ですから、まだ汚れてはいない神の模像です」(ヨナ書四章一二）という聖書の章句を引用したり、子どもは「親の原罪を除けば、自分では、何ひとつ過ちを犯していない」[15]と述べていることから、基本的にはキリスト教的な性悪的人間観を基底としているが、子どもの尊重とその讃辞を聖書に従いながら表明していると解釈できるのである。このようなコメニウスの児童への讃歌は、彼の『母親学校の指針』から一三〇年後の、ルソー（Jean-Jacques Rousseau, 1712-1778）の『エミール』（*Émile ou de l'éducation*, 1762）の冒頭の有名な章句、「万物をつくる者の手をはなれるときすべてはよいものである……」[16]という性善説的な人間観や児童観の先駆的な思想と言えるのである。

3　幼児教育の目的

コメニウスにおいては、前述したように「人間は神の似姿であるから、人は生来あらゆるものの知識を獲得する能力を備えている」[17]ので、「教育は実に万人にして必要なもの」[18]となるのである。また、コメニウスによれば、神の模像である子どもも当然その点は同様であり、特に子どもは「柔軟であって、外界から来るあらゆる印象を受容するに適している」[19]ので、「幼少の頃に於いて、人を正しい知恵の標準に合するように形成するということは、極めて賢明なこと」[20]なのである。

また、コメニウスは、『大教授学』の第二八章において、「母の学校の理念」として、「人間の全生涯に於いて必要なるすべてのものは、早くこの最初の学校に於いてこれを植えつけねばならない」[21]と述べ、幼児からの教育の重要さを強調している。そして、コメニウスは『大教授学』の第二七章の「年齢と進歩との段階に基づく、学校の四分制について」のなかで、教育史上で最初の体系的な階梯的学校制度を論じている。特に、コメニウスは人間が成長するのにはおよそ二五年間くらい必要とするので、幼児から成人に至るまでの二四年間、教育が継続されるべきであると論じ、各段階の教育期間を六年として、次のように四つの階梯に区分している[22]。

第一段階	幼児期	六歳迄	母親学校(家庭での母親の膝)
第二段階	少年期	一二歳迄	基礎学校(村の公立国語学校)
第三段階	青年前期	一八歳迄	ラテン語学校(都市のギムナジウム)
第四段階	青年後期	二四歳迄	大学(王国や邦のアカデミー)

コメニウスは、これらの学校はそれぞれ異なったものであるが、「真実の人」を形成するという同じ問題を異なった方法で教育しなくてはならないと述べ、全体を通して一歩一歩進むように段階づけられなくてはならないと述べている[23]。このような学校体系とその教育内容の階梯的な区分は、世界最初のものと言われているように、極めて先見的なものであって、彼は母親学校と国語学校ま

では男女共学を構想し、教育の目標をそれぞれ外的感覚器官の識別能力の訓練、手や言葉とともに内的感覚による想像力と記憶力の訓練に置いている。第三段階のギムナジウムでは、感覚による知識や判断力の陶冶のために弁証法や因果律を学び、第四段階のアカデミーでは霊魂の平安を保つための能力を神学が授けるように、精神には哲学、肉体の活動には医学、財産のためには法学を学ぶとともに、特に意志の力を陶冶することが目的とされている(24)。

ところで、主題である幼児教育の目的については、『大教授学』第二八章の「母の学校の理念」よりも体系的に論述されている『母親学校の指針』の第四章の「幼い者を……六歳までの時期に習熟させるべきこと」に従って論究することにしよう。

コメニウスは、『母親学校の指針』において、六歳になるまでに子どもたちに教えなくてはならないこととして、(一)「敬虔な心」、(二)「作法と品性」、(三)「実践的知識」の三つを挙げ、宗教教育や徳育と知育のそれぞれを論じている。第一の宗教教育では、神の探求や認知と神との一体化が目標とされ、第二の徳育では中庸、身だしなみ、作法、気配り、従順、正直、正義、勤勉、沈黙、我慢、奉仕、礼儀、慎み深さなどの徳性が陶冶目標となっている。そして、第三の知育では「知る」、「行う」、「話す」という三つの能力の陶冶が目標とされている(25)。

そこで、「知る」べきこととしては、自然学の知識、具体的には自然界の無生物的な事物と人を含む動物や植物の名称を学ぶこと、したがって今日の科学の区分からすれば地学や生物学や医学の領域での事物の名称を覚えることが目標となっている。また、これらの領域の他に、光学、天文、地理、年代、歴史、家政、政治に関することの初歩的な知識や概念を理解することが、教育の目標や内容として考えられている。同様に、「行う」ことでは頭や口や手を動かして質問と応答の初歩の形式と算数や幾何、音楽と工作などの初歩や基礎の修得と、また「話す」ことでは発音、修辞、詩の暗誦によって話す訓練をすることなどが目標とされていて、いわゆる知育の具体的な領域として述べられているのである(26)。

4　幼児教育の内容と指導方法

コメニウスは、『母親学校の指針』の第五章から第一〇章において、幼児教育の指導方法について論じている。第五章では、「健康」の教育が論じられていて、母親への胎教から始まって、授乳や離乳食などの乳幼児にふさわしい食生活について述べ、特に実母による授乳が子どもにとって身体のみならず精神的にもどれほど望ましいかを詳細に論じている。また、一歳児の「あやし」には楽器を使い、三歳児前後の遊びでは快いものに目をとめさせて感覚を楽しませ、目や耳などの感覚を刺激することを強調している。

第六章の「理解力」の育成では、先に述べた「知る」べきことがらを、自然界を歩かせて体験させたり、目で「観察させることによって」[27]事物の識別をさせ、事物を示しながら言葉で名称と概念を一体化させることを説いている。そして、寓話や空想的な話も子どもの知能や理性を育むので話して聞かせる必要性と、また道徳の教育では遊びの場で子どもが悪習に染まらないための配慮を説いている。

第七章の「行為と作業能力」の育成では、幼児は活動を好むので、幼児の活動を尊重し、模範を示して合理的にできるように助けること、そして危険なものは除くが、その他は何でも使って「いつでも遊ばせ、そのことによって、肉体を健康に、精神を鋭敏に、肉体の器官を敏捷で機敏なものになるように育ん」[28]でいくことが説かれている。この「行為と作業能力」は精神的な作業を意味するもので、先に述べた「行う」ことによって育成される知識教育の領域に属するものである。具体的には、算数の初歩として三歳児までに五から一〇くらいまで数えられるようにすること、また四・五・六歳までには二〇くらいまで順序正しく数えられるようにすることが説かれている。そして、足し算や引き算などを教えて子どもたちを煩わせるのではなく、それまでに数の大小や偶数と奇数の識別ができるようにすればよいのであって、子どもは二歳くらいで幾何での図形の大小や長短を、四歳までに図形の区分、円や線、十字形と尺度の名称などを覚え、やがて物の測量をするようになると述べている[29]。

さらに、「音楽」については、音楽は人間にとって自然なものであり、幼児の泣き声も音楽であって、子どもは早くから音に関心があるから、三歳までにメロディーやハーモニーの鑑賞の枠内で適度に音楽を提供するのがよいと説いている。そして、五歳までには小曲や讃美歌を歌わせ、リズムやメロディーを理解できるように、家庭で家族が一緒に歌ったらよいと述べている(30)。

第八章は「言語能力」の育成についてであり、「理性」と「言葉」が人間固有の重要なものとして説かれ、文法や修辞法や詩が言語能力を育成するものとして論じられている。文法では、二歳から三歳までに短く発音しやすい単語の発音練習を、四歳でアクセント、五歳・六歳までにその延長として語彙を豊かにすることを説き、言語の練習には「遊戯」を通して行うと効果があると説いている。また、一歳から二歳までに「ジェスチャー」や「動作」によってコミュニケーションができるようにし、三歳から五・六歳ではさらに「比喩」や「模倣」によって言語の意味づけをすることが課題となっている。そして、詩について、子どもは言葉を覚えるに伴って「ハーモニー」と「リズム」を楽しむようになるので、三・四歳までは遊びながら童謡を歌ったらよく、五・六歳までには短い詩を暗誦させれば言語能力はさらに進歩するであろうと述べている(31)。

第九章は、いわば道徳教育に関わるものであり、コメニウスは「作法」と「品性」の育成で具体的な指導の方法を論じている。すなわち、乳幼児期の道徳の指導では、(一)「絶えざる実例」、(二)「適時の、分別ある忠告」、(三)「程良い懲戒」を原則にして行うべきであると述べている。コメニウスによれば、中庸、気遣い、従順、正直などの徳目の指導では、それらについて家庭での親や年長者の配慮があれば、言葉による「教え込み」や「強制の懲戒」は必要でなく、何よりも子どもたちに必要なのは彼らの見本となる大人の行為であり、子どもに良い実例を示すことが極めて重要なことなのである(32)。

また、実例で示す際に「諭し」や「懲戒」が必要な場合があり、それらは普通は第一段階の懲戒であって、子どもの不適切な行為に対する「理性的な処罰」とされている。しかし、子どもが改心しない場合は、「小さな鞭」や「手で殴る」という第二段階の懲戒が必要とされる。コメニウスは、子どもが理性や理解力がなく反抗したりすることに対し、「鞭と叱責が知恵を与える」という聖書の文句を引用して、粗野で自分勝手な子どもが育つことを厳しく戒めている。それには、まず大人が子どもに自分勝手という種子を蒔きつけたりしないように、大人が見本を示すことが前提となっている(33)。

さらに、コメニウスは、道徳の徳目それぞれの指導において気を付けることとして、「中庸」には食べ物に過度の美食を避けさせ、三歳ころまでには身だしなみができるようにし、「正直」については事実を事実として話す習慣をつけさせるようにしたらよいと述べている。とりわけ、「我慢」については「過度の可愛がり、甘やかしが排除されていれば、子どもにはとにかく我慢が当たり前のことになり」(34)得ると述べ、二・三歳までの間に「わがまま」や「強情」は何か別のことに熱中させることによって矯正し(35)、「泣き叫んでも気にしてはいけません」(36)と極めて具体的な方法を説いている。この「熱中」ということで、コメニウスは子どもが「遊んでいるときは、精神は必ず何かに熱中し、頻繁に研がれさえする」(37)と、子どもたちを「遊び」という「作業」に誘うのがよいと説いている(38)。ところで、「敬虔な心」を育成する宗教教育については、子どもにささやかな理性が現れる二歳ころに年長者の祈る姿に馴れさせ、身をもって実例を示しながら短いお祈りが言えるように教えるべきであると述べている。また、三歳・四歳・五歳では、さらに少しづつ長いお祈りが言えるようにし、六歳までには短い詩を親と一緒に唱えるようにしたらよいと述べている。そして、コメニウスは、以上の幼児期の教育のすべてについて、「学習は労働ではなく、本とペンを使った遊びであり、砂糖以上に甘いものだ」(39)ということをよく話し、六歳をすぎて学校にいく前に、「学校や学習への熱意を持たせる」(40)「自発的な心」の「備え」をする必要を説いている。その際、常に気をつけなくてはならないのは、「学校での懲罰、先生の激怒、今後遊べないこと」(41)などについては話さず、不安や恐怖心を感じさせないように、学校の教師や学ぶ知識が素晴しいものであると誉めたたえることを要求している。さらに、幼児が五・六歳になるまでの教育は、何よりもすべて遊んでいるかのようにして、子どもが理解できることのみに留めるべきであると「遊び」を重視し、強調しているのである(42)。

以上、コメニウスの幼児教育の目的ないし目標と、教育内容の領域から手順や方法に至るまでの所論を述べたが、コメニウスが教育学上で感覚論的な直観教授論を集大成した教育家と評価されていることから(43)、次にコメニウスの直観論と直観教授論を問題としよう。

5　教育方法としての直観

教育史上、直観が問題とされるようになるのは、一七世紀に至ってであり、一七世紀の時代精神であった自然科学の思潮のもとに台頭した「感覚的実学主義」(sense realism)においてである。二〇世紀初頭のアメリカ合衆国コロンビア大学の教育史の大家モンロー(Paul Monroe, 1869-1947)が教育史の古典となっている彼の著作で指摘しているように[44]、一七世紀に至って、教育はベーコン(Francis Bacon, 1561-1626)の新しい哲学によって基礎づけられた自然科学により、新しい実学主義へと導かれたのである。すなわち、ベーコンは、認識の対象を自然科学へと向け、経験的感覚から実学的知識を獲得する方法を確立したのである。このような自然科学の隆盛のなかに勃興したのが感覚的実学主義の教育運動であり、コメニウスはその代表的な教育思想家であったのである。彼は、世界で最初の絵入りの教科書である『世界図絵』を作成した教育家であり、教育の過程に視覚に訴える教材を導入し、知識を子どもの感覚に訴えることによって習得させる直観教授法を創始した教育家なのである。そこで、コメニウスの直観思想を彼の主著『大教授学』によって論究しよう。

『大教授学』は、「すべての事を、すべての人々に教えるための普遍的な技術を論述した」[45]ものであり、「科学を学び、徳性を養い、敬虔の心に充たされ、かつまたこのような仕方で、青年が現在及び将来の生活のために必要なすべての事物を学び得るところの学校を建設するようにとの勧告の書」[46]であって、いわば人類の幸福や学校の改革と教授法の改善を意図している。コメニウスは、同書でベーコンをはじめとする自然科学の基礎を形成した哲学者や科学者たちの名を挙げたり、彼らの学説を引用したりしていないが、自然を知識の源泉とする科学教育について言及している。コメニウスは、「自然の導きによって、人はあらゆる事実の知識を収得し得る」[47]と述べ、「科学的訓練は、理解力、言語能力及び手の器用さなどを向上させる」[48]ものであると述べている。そして、彼は科学を教授する方法を九箇条にして述べていて[49]、それらを要約すると次のような三つの原理となる。

(一)事物は、実物を示すことによって、その本質と原理を簡潔に教え、応用可能になるように教えなければならない。(二)事物は、その差異に重点を置いて判明・明晰となるようにし、完全に理解した後に先へ進むように教えなければならない。(三)事物の学習には、まず一般原理を説明し、細部はその後に順序よく関連づけて説明して教えなければならない。

ところで、このような自然界のあらゆる事物を観察し、知識を修得しようとするコメニウスの方法は、当然経験論者の説く認識の方法と軌を一にし、経験を基本とするものである。すなわち、コメニウスは経験がなければ、我々の有する悟性は喩えば文字の書かれていない白紙(tabula rasa)のような空虚なものであって、行為したり、話したり、物を認識したりすることができないのであると述べている(50)。経験が認識の起源であるとするこの論述は、経験的知覚、言い換えれば感覚的知覚を重視しているのであり、まさにコメニウスにおいては「知識の始まりは、常に感覚から起こらねばならない」(51)のである。彼によれば、外界にあるすべてのものの認識は、人間に与えられた視覚や聴覚をはじめとする感覚器官が、内在する合理的精神である理性を助けることによって可能になるのである(52)。したがって、コメニウスにおいては「総ての知識は、感覚的直観から始まり」(53)、教育においても「総てが感覚的直観を通じて教授せられる」(54)のである。

このようなコメニウスにおける直観教授に至る認識の過程は、哲学上の認識論では、合理論の立場ではなく、経験論の立場に近い。なぜなら、コメニウスにおいては、すべての知識は感覚的直観から始まり、次に想像作用を媒介として記憶の領域に進み、そして個々の事実を基礎として普遍的な理解が可能となるのであり、さらに最終的に理解した事実の判断によって知識は確実になるからである(55)。このコメニウスの認識論の縮図とも言える論述は、イギリス経験論の著名な哲学者ロック(John Locke, 1632-1704)の認識論のように——もっともコメニウスの『大教授学』はロックの『人間悟性論』(*An Essay Concerning Human Understanding*, 1690)より五二年前に書かれたものであるが——白紙説に立ち、また事物を直接的に外官により把握し、それを内官によって表現するという考え方(56)は、ロックの外的経験感覚と内的経験感覚を想起させるものであり、コメニウスにおける直観は、経験論の系譜のうちに位置づけられるのである。

一方で、コメニウスは、「神は多くの事物を創造したが、これも同様にまた我々の利益のためであって、神はこれによって我々がこれに携わり、これによって修練しまた我々の心を教育する材料に、何ら事欠くことがないようにした」(57)とか、万物の中に働くものはすべて神であり、人間はただ信仰深い心をもって教えの種を受け容れるばかりであると述べている(58)。このように、彼が言う感覚的直観によるあらゆる事物の認識は、すべて神の象徴としての事物の模写的な認知ということになり、コメニウスにおける直観は、受身的で一方的な受容性の原理として捉えられるのである。

以上のような認識の原理を教授の方法に導入したのが直観教授に他ならないのであるが、それではコメニウスにおける直観教授の方法の実際的、具体的な論理や学習の形態はどのようなものなのであろうか。彼によれば、教育活動はすべてを容易に生徒の心に刻みつけるために、できるだけ感覚活動を通じて行われなければならず(59)、学習は「最初実物によって理解力を訓練し、然る後言語で表現することを学ばねばならない」(60)のである。そして、この原理の具体的な学習の形態では、次のようなことが注意して行われなければならない。

「聴覚は常に視覚と結合していなければならない。言葉は常に手と結合して訓練されねばならない。そして教うべき材料はただ単に言葉のみにより、従ってただ耳に訴えることなく、これを絵画によって説明し、従って眼の援助の下にこれを想像力に印象づけねばならない。更に生徒は彼等の口で話すことを学び、彼等が口で語ることを同時に手によって表現することを学ばねばならない。

そして既に学んだことが、十分に、眼、耳、理解力及び記憶力に印象づけられるまでは、次の材料に移るようなことのないようにしなければならない。この目的のために、教室の壁の上に、たとえ教訓であろうと、法則、絵画、図表等であろうと、教室の中で取扱うすべての事を絵を見るように一目瞭然と掲示することが望ましい」(61)のである。これらの教育の具体的な論述は、感覚的直観をすべての教育現場に導入したものであり、あらゆる知識は視覚(眼)から始まり、聴覚(耳)と触覚(手)の連携のもとで表象され、理解されるべきであるという、まさに直観教育を強調しているのである。

ところで、こうした直観による教育が行われるべきであるというコメニウスの主張の背景には、当時の非直観的な教育の現実があったのである。それをコメニウスは次のように述べている。これまでの学校では、「知性の中に優しく教えこむことのできることがらをば、暴力によって印象づけ、いなむしろ暴力によって詰めこみ、あるいは叩きこんだ」(62)ゆえに、「学校は子供等にとって恐怖の場所であり、知性の屠殺場となっている。そして大多数の学生は、学問や書物に対する嫌悪を抱いて早急に学校を飛び出し、技術家の工場やその他の職業に赴くのである」(63)といった状態にあった。実に、当時の学校教育では、生徒を無意味で重要でない学習に没頭させ(64)、ただ単にオウム返しの口先だけのおしゃべりを飽きるほど行わせたのであった(65)。その結果として、そうした学校では、「道徳的に陶冶せられた品性は養われないで、贋の、うわべだけの道徳家、えりごのみする、とってつけたような文化のつけやきば、世間的な虚栄心のみに慣らされた眼や手や足ばかりが造り出される」[66]ことになったのである。

このような教育や学校の実態は、教育史的には教養の源泉をギリシャやローマの古典に求めた人文主義の堕落、すなわち言語や文体の形式にこだわり内容や意味を軽視したキケロ主義や、聖書をはじめとするキリスト教教義を一方的に教授した問答法に原因があり、それこそコメニウスが直観教授法を論じて批判と改革の対象としたものに他ならない。彼は、言葉のみで内容の伴わない事物の暗記やきまりきった章句の問答によって行う教育に反対し、「事物と言葉とは同時に認識の対象として提示されねばならない」[67]として、「いかなる知識も書物の上の権威に基づいて与えられるべきではなくて感覚並びに知性による現実的な証明によって権威づけられるべきである」[68]と論じ、文献中心主義の教育の批判と、その改革に直観主義教育を対置したのであった。まさに、以上のようなコメニウスの直観教育の方法は、教育史上で以後の学校教育における教授原理のみならず、幼児教育や保育の方法原理の原点となったのである。

6 評 価

ドイツの精神科学的教育学の先駆者で、「生の哲学」の首唱者ディルタイ (Wilhelm Dilthey, 1833-1911) は、その教育史上の名著『教育学ー歴史と体系の基本ー』(*Pädagogik, Geschichte und Grundlinien des*

Systems)で、コメニウスは以後の教育学における言葉と事実の教授の領域において、言葉は事物の認知との関連で平行的に習得されるべきであると新しく主張し、教授学を基礎づけた創造的な頭脳の持ち主であったと述べている(69)。特に、一六五八年出版された『世界図絵』は、教材に絵を入れることで直観の全く新しい方向づけをした(70)と、直観教授の原理の実践を高く評価している。また、前述のモンローは、コメニウスは教育の実際問題を著作で直接取り扱った教育史上の重要な人物たちのうちの一人であり、「実学主義」(realism)教育運動の最も重要な人物であると評価している(71)。

以上のような二〇世紀初頭の教育史上のコメニウスの評価は、二〇世紀後半の教育史家にも継承され、ドイツの著名な教育史家キール大学教授ブレットナー(Fritz Blättner, 1891-1981)は、一九五八年の著『教育学の歴史』(*Geschichte der Pädagogik*)において、コメニウスは時代の精神を真に画した偉大な人物であり、すべての新しい教育の形態を構想したと述べ(72)、生徒たちを集団として一斉に教授する優れた示唆を提供したと述べている(73)。特に、ブレットナーはコメニウスが、すべてのものが一緒に教育されなければならないとして、子どもたちを六歳で将来の職業的のための中等教育を選別する複線型の学校体系に反対したと指摘している(74)。

また、その点をアメリカのハーバード大学の著名な教育学者ウーリッヒ(Robert Ulich, 1890-1977)も論じていて、彼はその名著『教育思想史』(*History of Educational Thought*, 1945)において、年齢や資格に基づいているコメニウスの学校分類は、近代の学校組織の考え方であり、コメニウスが理想としていた公教育や一般教育はほとんど現代の諸国では実現されてきていると評価している[75]。まさに、コメニウスは、一般に開かれた民主的な公教育の学校体系の思想の主唱者と言えるのであり、彼のそのような思想は、やがて初等教育の段階であるが、ペスタロッチ(Johann Heinrich Pestalozzi, 1746-1827)において実践されることになるのである。

一方、幼児教育の領域における評価としては、ドイツでは、ディルタイに師事して、後にゲッチンゲン大学教授となったノール(Hermann Nohl,1879-1960)は、コメニウスが『母親学校の指針』で述べている教育は、フレーベル(Friedrich Wilhelm August Frobel, 1782-1852 ……引用者註)の幼稚園を連想させるが、ペスタロッチの『ゲルトルート』の居間の教育に近いと述べている[76]。しかし、コメニウスは近代後半の著名な二人の児童中心主義の実践家であったペスタロッチとフレーベルの教育思想の源流となっているのである。また、イギリスのグラスゴー大学教授であったラスク(Robert Robertson Rusk, 1879-1972)は、その著『幼児教育の歴史』(*A History of Infant Education*, 1933)で、コメニウスが幼児の教育において表現の重要さ強調し、子どもにおける活動性がなくなることを警告していると指摘し、フレーベルやモンテッソーリ(Maria Montessori, 1870-1952 ……引用者註)とプロジェクト法(project method)を先取りしていると述べている[77]。まさに、コメニウスは、幼稚園教育を本格化したフレーベルやモンテッソーリに先んじて、幼児教育の原理を論じた先駆者と言えるのである。

これらの引用からも分かるように、コメニウスは一八世紀の近代教育の源流に位置していて、今日ではルソーが「子どもの発見」の最初の教育思想家と言われるが、いわばコメニウスはルソーより一〇〇年余り前の「子どもの発見」の先駆者であり、文字通り子どもの理解者であったのである。とりわけ、端的な例を挙げれば、彼は『世界図絵』に見られるように、教育における感覚を重視する、いわゆる直観教授の創始者であり、難解で退屈なラテン語の学習において子どもの興味や関心を喚起する絵を教科書に導入したことから、子どもの真の理解者・発見者と言えるのである。

註

(1)梅根悟著『コメニウス』牧書店、一九五六年、一二頁。J・A・コメニウス著、井ノ口淳三訳『世界図絵』ミネルヴァ書房、一九八八年、一六八頁～一六九頁。
(2)同『世界図絵』、一七〇頁。江藤恭二著「コメニウス(一五九二～一六七〇)小論―教育近代化の先駆者像―」、藤田輝夫編著『コメニウスの教育思想』法律文化社、一九九二年所収、一頁～二頁参照。
(3)同『コメニウスの教育思想』、二頁～六頁参照。
(4)コメニウス著、稲富栄次郎訳『大教授学』玉川大学出版部、一九五六年、一九七五年一〇刷、七三頁。
(5)同前書、七四頁
(6)同前書、七八頁。
(7)同前書、三九頁。
(8)同前書、四〇頁。
(9)コメンスキー著、藤田輝夫訳『母親学校の指針』玉川大学出版部、一九八六年、一三頁。

(10)同前書、一四頁。
(11)同前書、一八頁。
(12)同前書、一四頁～一五頁。
(13)同前書、一八頁。
(14)同前書、一七頁。
(15)同前書、一六頁。
(16)ルソー著、今野一雄訳『エミール』上巻、岩波書店、一九六二年、一九六四年四刷、二三頁。
(17)前揚『大教授学』、五八頁。
(18)同前書、七八頁。
(19)同前書、八二頁。
(20)同前書、八四頁。
(21)同前書、三四四頁。
(22)同前書、三三九頁～三四〇頁。
(23)(24)同前書、三四一頁～三四二頁。
(25)(26)前掲『母親学校の指針』、三五頁～三七頁。
(27)同前書、五六頁。
(28)同前書、六四頁。
(29)同前書、六六頁～六七頁。
(30)同前書、六七頁～七〇頁。
(31)同前書、七一頁～七六頁。

(32)同前書、七八〜七九頁。
(33)同前書、八〇頁〜八三頁。
(34)同前書、八九頁。
(35)(36)同前書、九〇頁。
(37)(38)同前書、八八頁。
(39)(40)同前書、一一〇頁。
(41)同前書、一〇九頁。
(42)同前書、一〇五頁。
(43)石井正司著『直観教授の理論と展開』明治図書、一九八一年、二七頁。
(44)Paul Monroe, *A Text-Book in the History of Education*, Macmillan, New York 1905, p.469.
(45)(46)前掲『大教授学』、一三頁。
(47)同前書、六二頁。
(48)同前書、一九五頁。
(49)同前書、二五一頁〜二五六頁。
(50)同前書、七六頁。
(51)同前書、二四六頁。
(52)同前書、六一頁参照。
(53)同前書、一八二頁。
(54)同前書、一七二頁。
(55)同前書、一八二頁参照。

(56)同前書、三四二頁参照。
(57)同前書、一三七頁。
(58)同前書、一四九頁。
(59)同前書、一八八頁。
(60)同前書、一五六頁。
(61)同前書、一八八頁。
(62)同前書、一〇八頁。
(63)同前書、一〇七頁。
(64)同前書、一九一頁。
(65)同前書、一〇八頁～一〇九頁。
(66)同前書、一〇七頁。
(67)同前書、一五五頁。
(68)同前書、二〇二頁。
(69) Wilhelm Dilthey, *Pädagogik, Geschichte und Grundlinien des Systems*, Teubner, Stuttgart 1960, 4 Auf.1986, S. 162, s.158.
(70)ibid, S,163.
(71)cf. pp., Monroe, p.480.
(72)Fritz Blättner, *Geschichte der Pädagogik*, Quelle und Meyer, Heidelberg 1958, S.27f.
(73)ibid, S.33.
(74)vgl., ibid, 36.

(75) Robert Ulich, *History of Educational Thought*, American Book, New York 1945, p.197, p.199.
(76) Herman Nohl, *Erziehergestalten*, Vandenhoeck und Ruprecht, Göttingen 1958, S.7.
(77) Robert Robertson Rusk, *A History of Infant Education*, University of London Press, London 1933, 2ed. 1951, p.17.

第二章　ジョン・ロック

1　生涯

ロックは(John Locke)は、一六三二年八月二九日イングランド南西部、現在のエーヴォン州の州都ブリストル近郊の村リントン(Wrington)の母親の実家で、中産階級の商人の長男として生まれた。祖父は被服関係の豪商であったが、父親は家業を継がず弁護士となり、地域の治安判事書記を務めた典型的なピューリタンの謹厳な人物であった。母親についてはあまり知られていないが、母親は父親より一〇歳位年上で、製皮業者の出自の敬虔で情の深い人であったが、ロックが二二歳の時に没している。兄弟は、夭折した弟ピーターと、五歳下のトーマスがいたが、トーマスもロックが三二歳の時に二七歳で病死している。ロックは、経済的には豊かな家庭で育てられたが、家庭で教育されたこともあって、幼少期は孤独であった(1)。

ロックが一〇歳の一六四二年、カトリックを信仰するチャールズ一世(Charles I, 1600-1649)の専横は、議会と対立して内戦を勃発させた。内戦は、いわゆるピューリタン革命として終結するが、ロックの父は議会軍の騎兵大尉として王党軍と戦った。議会軍が優勢となった一六四七年秋、学校教育を受けられずにいたロックは、父親の上官ポパム大佐の推薦により普通よりも遅く一五歳でウエスト・ミンスター校に入学した。ロックは学術優秀で、一六五二年にオックスフォード大学のクライスト・チャーチ学寮に入学し、哲学と医学を学ぶ生活を送った(2)。

一六六〇年、彼は二八歳でクライスト・チャーチのギリシャ語と、一六六二年には修辞学の講師に選任され、一六六五年に大使秘書官に任命されている。一六六七年以後、アシュリ卿(Lord Anthony Cooper Ashley, 1621-1683)、後の初代シャフツベリ伯爵(1st Earl of Shaftesbury)の秘書兼侍医として仕え、シャフツベリ伯爵の出世に応じてロックも公職に就くが、反王党的なシャフツベリ伯爵がオランダに政治亡命せざるを得なくなったのに伴い、ロックも身の危険を感じ一六八三年から六年間オランダに亡命した。ロックがイギリスに戻るのは一六八九年であり、同年の名誉革命に際して、メアリ妃(Mary II, 1662-1694)に従って帰国した。五七歳になっていたロックは、公職には関係するが要職を辞退し、かねてから書き続けていた『人間悟性論』と『統治二論』(*Two Treatises of Government*)を一六九〇年に出版し、一六九三年にはオランダ亡命中に構想して手掛けられた『教育に関する考察』(*Some*

Thoughts Concerning Education）を出版した。晩年のロックは、病弱であったにもかかわらずイングランド銀行の創立や出版取締法の廃止に貢献し、療養のため友人の館に寄宿して読書と思索と執筆の日を送りながら、一七〇四年一〇月二八日独身のうちにエセックス州オーツで七二歳の生涯を終えた[3]。

2　児童観

ルソーは、「子どもの聖書」とも言える一七六二年の著作『エミール』の序において、ロックの一六九三年の教育論『教育に関する考察』が人間をつくる書物として新しいものであると述べ、子どもの教育に際して人は子どもというものを分かっておらず、子どもについて間違った観念をもっているだけでなく、子どもにはなにが学べるかを考えないと批判し、また教師や親はまず何よりも自分の生徒である子どもを研究しなければならないと述べている[4]。まさに、この子どもを子どもとして観る立場を象徴するルソーの章句と、彼の教育思想の前提になっている論点は、ルソーの『エミール』より七〇年ほど前のロックの教育論において見出されるのである。

ロックは、『教育に関する考察』において、従来より一般の教育法は子どもの興味をひくものでなく、子どもが学習の際にどんな気持ちでいるのかを少しも考慮せず、考えもしなかったと論じ[5]、「子どもの気質やその精神の独自の構造を慎重に考察すること」[6]をしなければならないと述べている。ロックによれば、子どもの観察の対象は子どもの精神や性質がどのような傾向にあり、その最も支配的な感情が何であるかを考察する点にある。なぜなら、子どもの精神や性格の特性を観察することが、子どもの成長の過程においてどのような目標や方向にふさわしいかを判断するのに役立つからである(7)。

ところで、子どもを観察する時期は、遅くなってはならず、その観察の時期は、ロックが理性の考察で「三歳や七歳の子どもを大人と同列に論じようとは思わない」(8)と記していることから、三歳児が起点となっていて、いわゆる幼児期の教育の段階と考えられる。また、ロックによれば、子どもの観察のタイミングは子どもが何の拘束もなく、教師や親に見られていないと思って遊んでいる最中がよいとしている(9)。確かに、教師や親の目から離れて自由に遊んでいるときに、子どもの真の姿や精神は表れると言ってよいし、これは注目に値する論点である。

ロックは、子どもというものはその生涯で最も活動的で休みなしに動きまわる存在であり、元来自由や変化を好み、動きまわることを喜びとする存在であると述べている。また、ロックは「子どもには年齢に応じてくつろぎと自由が許されるべきであって……不必要な拘束を感じさせてはならない。……子どもたちは子どもであることを妨げられてはならない。特に、悪いことをしていないならば、遊んだり子どもらしく振舞うことが邪魔されてはならない」(10)と述べ、「子どもらしい不注意や率直さは、成長して気が付くまでそのままにしておいたほうがよい」(11)と述べている。なぜなら、ロックによれば、子どもは過度に拘束されて活力が抑圧されると活気や努力の気力を失ってしまい、意気消沈した子どもの心や魂に正しい方向を与えて有能な存在へと導くことが困難になるからである。そのために懲罰を用いるのは、ロックにおいては最も悪い教育方法であり、反対に子どもの心を活発に自由にさせる方法が教育の真の秘訣なのである(12)。

一方で、ロックは子どもを甘やかしてはならないと述べ、気まぐれによる要求か自然による要求かを判別し、気まぐれな思いつきによる要求は退けて抑制すべきであると述べている(13)。ロックによれば、親たちは子どもを可愛がる余り欠点まで溺愛し、子どもが幼い間わがまま一杯に甘やかして子どものうちにある天性の諸原理を腐らせ、子どもの精神が最も柔軟で適切な時期に、規律に従い道理に服するように教育をしないという重大な誤りを犯しているのである(14)。すなわち、ロックは子どもが理性や判断力の少ない時期には、親が子どもの欲求やわがままを抑制する躾が必要であると考えるのである(15)。また、ロックは、子どもに対する抑制は、理性の目覚めに従って緩和すべきであり、健康や徳性に有害でない子どもの持つ天性の無邪気な楽しみは与え、子どもの生活をできるだけ楽しくさせたいと述べている(16)。

このようなロックの子どもについての論述は、ルソーの『エミール』の児童観を待つまでもなく、子どもを子どもとして尊重する児童中心主義の児童観と言ってよいであろう。こうしたロックの児童観は、ルソーの『エミール』の名声に隠れ、これまであまり問題にされたことがなかったが、しかしロックにおいては幼児期の教育がいかに大切であるかが論じられており、また子どもの教育に際し、親や教師たちに対してこれまであまり語られなかった子どもをよく観察することが提言されていて、子どもを子どもとして理解することの重要さが特に強調されているのである。これらの論点には、近代教育の児童観の先駆としての児童中心主義の思想的原型が看て取れるのである。

3　教育の目的

これまで述べてきたように、ロックにおける子どもの教育は、まず子どもの性質を観察することにあり、子どもというものを知ることのなかで、さらにその教育の目的や在り方が明らかにされる。すなわち、ロックによれば、子どもの教育の主要な仕事は、内的なもの・精神を正しくすることにあり、具体的には子どもの欲求を理性の指示する最善のものに従わせることであって(17)、ロックは親や保護者たちに「子どもたちを常に理性ある被造物として取り扱うべきこと」(18)を説いている。子どもを理性的に取り扱うこととは、ロックによれば子どもが言葉を解するようになったら、子どもに教えることを明解で穏やかな言葉により具体的に認知させることであって、長々しく複雑な理屈っぽい言葉によってたしなめたり、指示することではないのである(19)。

ところで、人が教育によって受けるものは、生涯を通じて影響を与えることになる幼児期において形成された「習慣」(habit)であり、したがって教育において重要なことは人がどのような習慣を身に付けたかということである[20]と、ロックは述べている。まさに、ロックは子どもの心身の健康の維持のために、身体と精神の鍛練として欲求の自己抑制の習慣を説いており、それは多岐にわたり詳細に考察されているが、ここではその主要なことのみを以下に言及することにしよう。

ロックは、子どもには冬でもあまり厚着をさせず、寒気や夏の暑気に慣れさせ、できるだけ外気に触れさせるのがよく、血行や身体の成長に悪い窮屈な衣服を避け、ゆったりとした衣服を着せるのが健康によいとしている。食物に関しては、過食にならないようにし、質素で薄味のものを、特に幼年期は肉類の過食を避け、飲物は水分を控えめにし、酒類はもちろん刺激の強い飲料を避けることが必要であると説いている。ロックによれば、このような習慣や節制は身体の健康のためだけでなく、精神のためにも大変価値のある習慣であって、将来の仕事のためにも極めて必要なことであると述べている[21]。

その他の点で、ロックは「睡眠は自然の偉大な強壮剤である」[22]と述べ、子どもの成長と健康のために睡眠は十分に取らせる必要があるが、七歳から一四歳の間には睡眠時間は八時間位に短くしたらよいとしている。とりわけ、早寝早起きの習慣は不健康な悪習を防ぐものであると断言し、それが将来の勉学や仕事のために望ましいことであると述べている。そして、健康に重大な影響を及ぼす便通には、朝食後に規則正しい排泄を習慣づけることを、また薬は通常では与えないで、進行性や慢性的な病気には思慮深い医者の助言を求めるべきである(23)と、自身が医学を研究した者として、ロックは提言しているのである。

4　教育の目標と方法

ロックによれば、子どもには精神のことがらとして善良さや親切などの原則が保持されなければならないし、そのために「徳」(virtue)と「知恵」(wisdom)と「躾」(breeding)と「学習」(learning)が子どもの教育の目標となる(24)のである。彼によれば、徳は人間として最も必要なもので幸福に不可欠なものであり、その具体的な内容は真理と正義と他者への愛である。ロックは、徳の基底として神の観念が必要と考え、万物の創造者としての最高存在への愛と崇敬の念が子どもに幼いころから養われなければならないと述べている(25)。

また、ロックによれば、知恵は生来の善い気質と経験の所産であるから、子どもたちには知恵の猿真似をするような狡猾さを身に付けさせないようにすることが必要なのである。狡猾さとは、彼によれば悟性の貧困を意味し、詭弁や欺瞞という正しくない方法によってことを処理しようとする態度である。子どもを狡猾にしないことが知恵にふさわしい準備なのであって、子どもには真実と誠実に慣れさせ、理性に従って行為し、自分自身を反省できるように習慣づけることが必要である(26)

と、彼は述べている。

躾については、洗練された資質を目標とし、礼儀を知り、非礼や投げやりの態度が否定されている。ロックによれば、非礼とは粗暴や他者への「軽蔑」(contemmpt)と「あら探し」(consoriousness)や「あげ足とり」(captiousness)であり、反対に礼儀正しさとは外観より内面的な善意に基づく謙譲や尊敬であって、言うまでもなくそのような礼儀正しさが子どもたちに習慣づけられなくてはならないのである。それには、子どもが理性的で良識のある人々に接することが必要であるが、一方で子どもに他者を愛し、尊敬することを教えるならば、ある年齢になると礼儀作法が分かるようになると、ロックは言うのである。ロックは、幼い時に礼儀のための躾で子どもを苦しめてはならないと述べるが、しかし成長に伴って不作法に陥ることがないように警告しているのである(27)。

学習については、人は教育において学習を第一のこととして語るが、しかしロックによれば学習は教育のうちの第二義的なことであり、人生の最良の七・八年間から一〇年間を一つや二つの言語(ラテン語とギリシャ語を指す……引用者註)の習得に苦役を強いるのは問題なのである。すなわち、彼によれば、言語の習得は確かに必要であるが、問題は学者となるよりも徳のある賢い人や高潔な人になることであって、「精神そのものが正しくない者にとっては、学識はますます彼らを愚劣で悪しき人間にするのに役立つばかりなのである」(28)。

さらに、ロックは当時の上流市民の子どもが幼児期から青年期に学ぶべき諸学芸についても論述しているが、ここでは幼児期に限って、その教育の要点と方法について言及することにしよう。

ロックは、子どもが話せるようになったら読書を始めるのがよいとしているが、その前に玩具やゲームなどによる遊びを通して文字が読めるようにすることを提言している。それは、幼い子どもの精神と身体が義務や課題の過剰に耐えられないことから、幼い子どもが読書や文字を学ぶことを強いられて嫌いにならないようにする配慮なのである。ロックは、無理強いしたり、叱ったりして子どもを勉強嫌いにするくらいなら、文字の読みが一年遅れるほうがはるかによいことであって、むしろ学習を子どもにとって遊びや気晴らしになるように仕向けることがよい教育方法であると断言している(29)。まさに、このように玩具やゲームを用いる教育の方法は好ましい方法であって、ロックが子どもにとっての遊びの意義を、つまり学習と遊びの結合を早くから論じていたことは銘記されてよいであろう。

ロックが教育論を執筆していた一七世紀後半のイギリスの上流階級の子弟の教育は、教育史上ラテン語をパブリック・スクールの入学までに習熟すべきものとされていた時代であり、学校教育は初等教育から六年ないし九年の間にラテン語やギリシャ語の教育がカリキュラムの典型となっていた(30)。当時のラテン語の作文教育は、ロックによれば子どもの日常生活とかけ離れたものであり、そのような学校教育に投げ込まれた子どもたちはムチの恐怖に強制され、勉強の楽しみなどは考慮されていなかったのである。実際、ロックが批判しているように、傷つきやすい子どもの精神にとって最も強い印象が恐怖である場合、何事かを学ばせることは不可能なのである(31)。

ロックによれば、子どもを打ったり叩くことは最悪の教育の方法であり、教育で用いられてはならない方法であって、子どもを叩いて矯正するということは滅多にあってはならないのである。特に、感情的に怒ることは悪い結果しか生まないし、彼によれば子どもは小さいときから感情と理性との違いが分かるのであって、むしろやさしい言葉で実例を示して穏やかに説得すべきなのである。ロックは、往々にして親や教師は子どもにできることかどうかを考えないで、知らず知らずに強制していることがあると述べ、子どもにきまりや訓戒を詰め込むべきでないと警告しているのである(32)。そして、ロックはそのような好ましくない教育の方法に対し、教えるのに正しい方法は興味や愛好心を抱かせる方法であると説き、子どもの遊びや楽しみが指導の有益な方法であると考えて、遊びを教育のひとつの手段とすることを説いているのである(33)。

また、ロックによれば、子どもは親をはじめとして人からほめられることに敏感であって、一般に尊重され大事にされることを喜ぶものであり、したがって子どもの長所を尊重して子どもを満足な状態になるようにし、反対に悪い場合は尊重しないで、満足が得られないように教育するべきなのである(34)。そして、子どもの年齢にふさわしい性質であるいたずら好きや活気は抑えたりせず、その活力を遊戯化したりスポーツ化することが大変重要な方法である(35)と、極めて近代的な論点を展開しているのである。このように子どもを尊重し、遊びやスポーツを教育の方法としている思想は、ロックの自由主義に基づくものであり、当時の学校教育への批判から論じられたと言ってよいであろう。また、以上のような当時の学校と教師たちの教育に対する批判は、次の問題であるロックの家庭教育論や教師論となっている。

5　家庭教育と教師論

アメリカの教育学者R・ウーリッヒは、ロックは同時代のイギリスの人文学校を支配していた教育課程に対して闘い、公的な学校よりも私的な教育と教師を選ぶことを強調していると指摘している(36)。確かに、ロックは家庭で優れた教師を雇うことができるならば、学校で教えられる勉強だけでなく、さらに価値のあることがらをはるかに早く達成できると述べている。その理由は、彼によれば教育の目標が徳性の涵養にあるので、学校ではいかに優れた教師でも五〇人や一〇〇人の子どもたちに、道徳や躾を教科書以上に教えられるものではないからである。むしろ、学校はラテン語やギリシャ語を習得させるために、子どもの無邪気さや徳性を損なっている(37)と、彼は批判している。そして、学校は仲間との競争意識のうちで子どもの活気や努力心を養うが、流行の悪い影響や生意気さ、狡猾さや粗暴さを子どもに覚えさせ、徳性や躾の基本である無邪気さなどを犠牲にしていると述べている(38)。

そこで、家庭での子どもの教育に携わる教師が問題となるが、ロックによれば望ましい教師は有徳で思慮分別があり、良識と善良な気質の持ち主でなければならず、子どもに接するときは厳粛でありながら、親切で気楽な人物でなければならない(39)。また、教師は子どもの天真爛漫な性質や善性を大切にして助長し、反対に子どもの悪い傾向を穏やかに修正して除き、善い習慣を身に付けさせることができる人でなければならない(40)。特に、教師としてラテン語や自由七学科の知識を持っていることは当然ではあるが、ラテン語や語学の学習が教育であると考えるような人物であってはならず、むしろそうしたことはささいなことと考え、語学の学習よりも子どもに善や徳のある精神を形成することを主要な仕事と考える人でなければならないのである(41)。

このような望ましい教師に対し、望ましくない教師は、幼児期の特徴である移り気や不注意による失敗を感情的に怒ったり、あるいは叩いたりして子どもを驚愕させ、恐怖に陥れる教師である(42)。ロックによれば、教師は学識だけでなく、子どもの手本となる美徳と知恵を身に付けた育ちの良い人物でなければならず、徳や礼儀や世間の知識に通じた真面目で優しい人柄でなくてはならないのである(43)。また教師には、子どもを何よりも愛し、子どもが良かれと教えること以外は何も考えていないことを子どもに気づかせ、そうした行為によって子どもの心に愛を芽生えさせ、学ぶことに子どもを仕向け、興味を抱かせる資質が必要なのである(44)。実際、このような望ましい資質を備えた教師を探すことは困難なことであるが、ロックはそれには息子の嫁を探すような慎重さで、他の出費を倹約してもそのための費用と労苦を惜しんではならないと述べ、子どもの教育のために立派な教師を見つけることが親の子に遺す最大の財産であると述べている(45)。

6　評　価

イギリス一七世紀のジョン・ロックの教育思想を幼児期の教育において論究してきたが、ロックにおける教育の目的は徳性の陶冶にあり、教科の学習は第二次的な目的であって、そのためには学校教育よりも家庭での教育が好ましいと、ロックは考えるのである。この見解は、時代や社会の違いから今日の教育にとって必ずしも参考になるものではないが、しかしロックが子どもの性質の観察の必要を説き、子どもらしい活動性や自由を認める児童観や、玩具やゲームを用いて遊びやスポーツを学習に結びつける彼の教育の方法は、ルソーから始まるとされてきた近代教育の思想、いわゆる子どもの興味や関心を尊重する児童中心の近代教育思想として捉えることができるのである。また、彼の教師論には体罰を否定し、子どもの理解者として子どもに接するという、時代を越えた普遍的な教師の在り方が説かれているのである。

しかし、ロックが、親が子どもを甘やかしすぎたり、子どものわがままを放任しないように、親や教師による躾や道理に従った習慣を重視している点は、一見すると児童中心の教育思想ではなく、伝統的な教師中心の教育思想なのではないかという疑問が生じる。その点について、確かにロックにおける教育の目的が徳育にあり、被教育者としての子どもの自然的本性の欲求を制御する習慣の形成が彼の教育論の主眼と解釈できるが、ロックの児童中心の教育思想はいわゆる子どもの欲求を極めて尊重するルソーの自然主義教育の児童中心主義や、その亜流の子ども放任主義とは異なるのであって、教育論としては当然のことではあるが教師や親の指導が重視されているのである。

一方、ロックの教育思想は、教育思想史上ではイギリスの教育学者R・ラスクが貴族主義的な伝統を継承していると指摘し(46)、前述のウーリッヒはロックの教育論を私的な家庭教師の教育を主張する保守的なものと評し(47)、また日本においては彼の教育思想は階級的性格を持った新しい市民社会の指導者を育成する紳士やエリートの教育論として捉えられている(48)。確かに、ロックは、一七世紀中葉にオックスフォード大学で学ぶことのできた有産市民階級の出自であり、専制王政に反対したシャフツベリ伯爵に仕え、名誉革命に際してメアリ妃に従って帰国したように、王侯貴族の階級とともに統治階級に属した人物であったので、彼の教育論は上流市民階級の教育思想を代表していたと言えるのである。

他方、哲学史においてはデカルト(Runé Descartes, 1596-1650)の大陸合理論に対し、ロックは主著『人間悟性論』によりイギリス経験論の完成者として名を成し、政治思想史上では『統治二論』により、立憲君主制のもとではあるが、議会制民主主義の主唱者として有名である。特に、社会思想史的には、啓蒙主義思想の先駆者として市民社会への道を切り開き、また人権の思想を論じた思想家として高く評価できるのである。すなわち、ロックは『統治二論』において、人間は全知全能の創造主である神の作品であり、誰も神以外の命令に従う必要のない平等な存在として造られており、すべての人間は社会的状態以前の自然状態では自然法に支配された自由と平等の状態にあったと論じ、人間は神意としての自然法を理性によって聞くことにより、独立して行動し、自己の生命や健康と、自由や財産を侵害されることなく享受できるのである(49)と、歴史の先駆けとして人間の平等性と人間としての権利を論じたのである。

このようなロックの名声と業績は、これまで論究してきた彼の教育論『教育に関する考察』の評判も高めたのであるが、しかし一方で彼の教育論と、ロックが一六九五年に任命された「貿易植民委員会」委員として関わった国内の貧民対策のための法案草稿「貧民法論」(An Essay on the Poor Law, 1697)における労働者の子弟の教育や労働学校の案——同案を含む貧民法案は成立しなかったのであるが——の教育論との違いが問題とされている(50)。また、他方で労働学校案は「ペスタロッチのノイホーフの農業学校の先駆を為す見解である」(51)と評価する論考もあることから、同案を一瞥してその問題点について考察することにしよう。

「貧民法論」における労働学校案の主旨は、子どもの多い労働者には教区から現金が支給されているが、金は父親の酒代として消え、子どもたちはパンと水だけの食事を余儀なくされ、健康状態だけでなく労働意欲も悪くなるので、扶助を必要とする労働者の三歳以上一三・四歳までの子どもたちのために教区に労働学校を設立し、彼らに十分に食を与え織物製造などの仕事を学ばせるという案である(52)。この案は、当時では子どもの生活福祉の先駆的な政策であったと言えるが、同時に教区の費用の負担を軽減するという経済政策でもあった。言うまでもなく、同案は産業革命の勃興とともに長時間にわたる女性の労働や児童労働という最悪の状態が到来する以前のものではあるが、児童労働が当然とされていた時代の対策案であって、今日からみれば労働者の子は労働者になることを前提としている身分的・階級的な視点に立った案と言える。また、労働者となる準備のための子どもの教育と、家庭教師を雇える家庭の子どもの教育とを比較すると、当然教育内容において格段の質の差がある教育思想と言えるであろう。

歴史的には、イギリスが近代市民革命を最初に達成したのであるが、ロックが問題の労働学校案を提起した時期はピューリタン革命から僅か三〇年後であり、それはまだ封建社会の桎梏から完全に解放されていない、いわば近代の黎明期であった。そのような時代状況や歴史を捨象して、ロックの思想の矛盾や限界を現代から一方的に論じるのは、片手落ちであると言える。たとえ、ロックの時代的限界を踏まえたうえでも、ドイツの教育史家F・ブレットナーが指摘しているように、ロックの教育学は一八世紀には大変刺激的であったのであり(53)、彼の『教育に関する考察』を詳細に読み、特にその幼児期の教育思想を検討すると、まさに論究してきたように、ロックの教育思想における児童観と教育方法論や教師論には、これまでのロック教育思想研究においてあまり指摘されなかった近代教育思想の児童中心主義の先駆的な観点を見出すことができるのである。

註

(1)(2)(3)cf., Frederick Copleston, *A Hisory of Philosophy*, vol.V, Doubleday, New York 1959, p.67ff. 大槻春彦著「イギリス古典経験論と近代思想」、世界の名著第二七巻『ロック、ヒューム』中央公論社、一九六八年所収、九頁～一八頁、五五九頁～五六四頁参照、岩田朝一著『ロック教育思想の研究』理想社、一九六三年、一九二頁～一九八頁参照。

(4)ルソー著、今野一雄訳『エミール』上巻、岩波書店、一九六三年、一九六六年四刷、一八頁参照。

(5)*The Works of John Locke*, vol.VIII, Routledge/ Thoemmes, London 1794, rpt.1997, p.62. ―以後 *W.J.L.*, vol.-, p.-と略記。

(6)ibid., p.92.

(7)cf. ibid., p.92f.

(8)ibid., p.69.

(9)ibid., p.93.

(10)ibid., p.53.

(11)ibid., p.52.

(12)ibid., p.36f.

(13) cf. ibid., p.95.
(14) ibid., p.27f.
(15) cf. ibid., p.34.
(16) cf. ibid., p.34, p.39.
(17) cf. ibid., p.7, p.27.
(18) ibid., p.40.
(19) cf. ibid., p.69f.
(20) cf. ibid., p.35, p.18f.
(21) cf. ibid., p.12ff.
(22) ibid., p.22f..
(23) cf. ibid., p.20f, p.25f.
(24) cf. ibid., p.51, p.128.
(25) cf. ibid., p.131, p.128.
(26) ibid., p.132f.
(27) cf. ibid., p.132f., p.134ff.
(28) ibid., p.142.
(29) cf. ibid., p.143f., p.146.
(30) Paul Monroe, *A Text-Book in the History of Education*, Macmillan, New York 1905, p.524.
(31) cf. *W.J.L.*, vol.VIII, p.158, p.165.
(32) cf.ibid., p.37, p.64, p.52, p.45.

(33) cf. ibid., p.60, p.98.

(34) cf. ibid., p.41f.

(35) ibid., p.45.

(36) Robert Ulich, *History of Educational Thought*, American Book, New York 1945, p.207.

(37) cf. *W.J.L.*, vol.VIII, p.59, p.56.

(38) ibid., p.54.

(39) ibid., p.171.

(40) ibid., p.143.

(41) ibid., p.171.

(42) cf. ibid., p.157ff.

(43) cf. ibid., p.87ff.

(44) ibid., p.159.

(45) cf. ibid., p.76f., p.59.

(46) Robert Robertson Rusk, *A History of Infant Education*, University of London Press, London 1933, 2ed. 1951, p.7.

(47) pp.,Ulich, p.207.

(48) 中野光・志村鏡一郎編『教育思想史』有斐閣、一九七八年、一九八六年一一刷、二八頁参照。

(49) *W.J.L.*,vol.IV, p.339f.

(50) 下川潔著『ジョン・ロックの自由主義政治哲学』名古屋大学出版会、二〇〇〇年、三〇九頁～三一〇頁。

(51) 岩田朝一前掲書、一五八頁。

(52) Locke, *Political Essays*, ed. Mark Goldie, Cambridge University Press, Cambridge 1997, p.190-p.193.

(53) Fritz Blättner, *Geschichte der Pädagogik*, Quelle und Meyer, Heidelberg 1958, S.50.

第三章　ジャン・ジャック・ルソー

1　生涯

ルソー(Jean-Jacques Rousseau)は、一七一二年六月二八日にジュネーヴ(Geneve)で時計師の次男として生まれたが、生後九日目に母親が亡くなったため幼児期を父親の妹であった叔母に育てられた。ルソー晩年の一七六九年の著『告白』(*Les Confessions*)によれば、母親は牧師の娘(実際は、姪で時計職人の娘)で美しくて賢く、父親は仕事の上では巧みな技術を持っていた。ルソーは父親から七歳上の兄よりも可愛がられていたが、父親は彼が一〇歳のときに軍人といさかいを起こし、それが原因で出奔してしまった。続いて兄も家出したので、ルソーはいとことジュネーヴの近郊の農村ボセーの牧師の家に二年間預けられた。ルソーは『告白』において、幼年期は母親がない子であったけれど、周囲から大事にされて可愛がられたと述べ、また田園の自然のなかでの少年期の生活は決して消え去ることがないほど楽しかったと述べている(1)。

一七二四年、一二歳になったルソーは、叔父の家に戻り、翌年に彫金細工師の徒弟となったが、好きになったかもしれない仕事は親方が横暴であったために耐えがたくなり、一六歳のときジュネーヴ市内に帰る際に閉門の時間に遅れたので、徒弟生活を捨てて自由な放浪の旅に出た(2)。彼は、放浪生活の中でヴァランス夫人と出会い、彼女のすすめでトリノでプロテスタントからカトリックに改宗し(3)、ヴァランス夫人の保護のもとに五年間音楽の勉強や自己修養に努めて過ごした。その後、ルソーは職を転々とするが、彼の生涯の年譜によれば病気療養中の三〇歳のときに古典語を学び、古典作品を熟読したり、音楽を研究するなかで「新楽譜記号案」を書き、それを持ってパリに出たのである。

ルソーは、パリを見てその不潔さと貧しさのために予想を裏切られるが、彼自身も貧しい生活のなかで作曲したり、音楽論を出版した。やがて、百科全書派のディドロ(Denis Diderot, 1713-1784)やコンディヤック(Etienne Bonnot de Condillac, 1715-1780)などの啓蒙的知識人と交わり、『百科全書』の音楽の項を執筆した(4)。一七四五年、三三歳のルソーは、宿の使用人であった二三歳のテレーズ・ルヴァスールと知り合い、一緒に暮らすことになり(5)、五六歳の一七六八年になって正式に結婚するが、テレーズとの間に次々と生まれた子ども五人を生活苦のため孤児院に送ってしまっている。

年譜によると、一七五〇年ルソー三八歳のとき、彼はディジョンのアカデミーの「学問と芸術の復興は、習俗の純化に寄与したか、どうか、について」という懸賞論文に応募して当選し、一躍有名になった。その論文が、彼が最初に書いたので第一論文と呼ばれる『学問芸術論』(*Discours sur les sciences et les arts*)である。以後、一七五五年には『人間不平等起源論』(*Discours sur l'origine de l'inégalité parmi les hommes*)を著し、一七六二年には近代民主主義の原理となった『社会契約論』(*Du contrat social*)と、子どもの聖書とも言われる『エミール ―教育について― 』(*Émile ou de l'éducation*)などの革命的な思想を展開した著作を出版している。

しかし、周知のように『エミール』は出版の一ヶ月後、その宗教論によってパリの高等法院から禁書の烙印を押され、ルソーの逮捕状までが出された。ルソーはジュネーヴに逃れたが、ジュネーヴ市会も『エミール』に加えて『社会契約論』も禁書処分にし、ルソーがジュネーヴに戻れば逮捕する決定を下したのである。一七六五年、ルソーはプロイセン領に逃れ、やがてスイスのイヴェルドンやビエンヌ湖のサン・ピエール島に隠れ住むが、そこでも追い払われ、一七六六年には哲学者ヒューム(David Hume, 1711-1776)を頼って、彼とともにイギリスに渡った。ルソーは、イギリスに一年間滞在するが、ヒュームとも仲違いをしてフランスに戻り、各地を放浪した後にある保護者の別荘にかくまわれて隠棲し、『告白』などを執筆するが、パリ郊外のエルムノンヴィルに移り、一七七八年七月二日テレーズ夫人に看取られて同地で没した。

2　自然観と人間観

ルソーの自然に関する思想は、特に『人間不平等起源論』と『エミール』において展開されている。『人間不平等起源論』は、ルソーの出世作『学問芸術論』と同様に、ディジョンのアカデミーの「人々の間における不平等の起源は何か、またそれは自然法によって是認されるかどうか」という課題の懸賞論文に応募して書かれたものであり、ルソーは勇躍して取り組んだのであるがその内容が危険視されて落選し、やむをえず自由な地であったオランダのレイ書店から出版し、フランスに持ち込んだ書である(6)。

ルソーは、『人間不平等起源論』の冒頭で、人間の知識のなかで最も有用でありながら最も進んでいないものは、人間に関するそれであると述べ、人間そのものをまず識らなければ、どうして人間のあいだの不平等の起源を識ることができようかと述べている(7)。そのために、人間の現在の性質のなかの根源的なものと、人為的なものとを識別することに論の前提を置き、人間の本性に関する無知を解消するのに「自然状態」(8)における「自然人」という仮定推量的な概念を用いて所論を展開している。

ルソーによれば、自然状態とは我々の自己保存の配慮が他人の保存を害することの最も少ない状態であり、それは最も平和に適し、人類に最も好都合であっただけでなく、自然状態においては不平等がほとんど感じられなかったのである(9)。また、ルソーは、自然人は「森の中をさまよい、生産技術もなく、言語もなく、住居もなく、戦争も同盟もなく、なんら仲間を必要ともしなければかれらを害しようとも少しも望まず、恐らくはかれらの一人一人を個別的に認知することすらかつてなく、未開人はごくわずかの感情に服し、自分ひとりで満足しながら、このような状態に適する情操と明知とだけをもっていた」(10)と述べ、自然状態における人々は「相互になんらの道徳関係も、一定の義務ももっていなかったのだから、善人でも悪人でもありえず、また不徳も徳ももたなかった」(11)と述べている。そして、このような自然状態にある人間の最初の感情は、ルソーによれば自己の生存や自己保存を図ろうとする「自己愛」と同胞の苦しみを本能的に嫌悪する「憐憫」という感情である。これらの自然的感情は理性に先立つ自己と種の保存を可能にする原理であり、この二つの根本的感情が自然的な善の格率をすべての人々に鼓舞するものであって、自然法のすべての規則の源なのである(12)。

かくして、ルソーの自然状態や自然人の叙述において、彼が究明しようとする自然の概念は、人間の自然の本性を意味するものであり、その自然性は善であることが明らかである。しかし、この人間の自然の状態は、立論の前提として述べられているように、「もはや存在せず、恐らくは存在したことがなく、多分これからも存在しそうにもない一つの状態」(13)なのである。すなわち、ルソーの言う自然人や自然状態は、彼が『人間不平等起源論』の序で述べているように、その究明の方法が歴史的ではなく、臆説的、条件的な推理によるものであって、それは物理学者が世界の形成について推理する方法と類似したものなのである(14)。したがって、ルソーの描く自然人や自然の状態を、先史時代の原人や未開の状態などのような歴史的存在として理解することは、誤った解釈なのである。確かに、『人間不平等起源論』のルソーによる註の叙述には歴史的、自然史的、博物学的な注釈が見られ、ややもすれば彼の自然の状態や自然人に関する論述は、自然史的、生物学的概念として解釈されかねないが、しかし前述したように彼の推論による自然概念は、いわば形而上学的な概念と考えられるのである。

また、「自然の手により単に本能にのみ引き渡された未開人」(15)とか、「自然から感覚というものを授かっている」(16)という『人間不平等起源論』におけるルソーの叙述からすると、彼の自然観は神学的、形而上学的な観点、つまり目的論的な自然観に立っていると言える。すなわち、『人間不平等起源論』の七年余り後に著された『エミール』の巻頭の有名な章句、「万物をつくる者の手をはなれるときすべてはよいものである」という論述が、まさにそのことを語っている。

さて、『エミール』は、エミールという男の子の教育を「自然に従う教育」として描いたフィクションの色彩の濃い教育論であり、そこには『人間不平等起源論』で確立された善なる自然性を有する人間の教育はどのように行われるべきであるかが論じられていて、『人間不平等起源論』で描かれた自然論がさらに展開されている。そこで、『エミール』の「自然の教育」における自然の意味を明確にしながら、その概念について論評してみよう。

ルソーは、『エミール』の序において、同書は忘れられている人間の教育法について観察して考えたことをよき母のために書いた書であり、その意図は一般に行われている教育の方法が非難されてきたのに、誰もよい方法を提案しなかったので、人間の心にふさわしい教育を探究することにあったと述べている(17)。彼は、『エミール』の冒頭から、考えられ実践されるべき教育として、人間の能力と器官の内的発展が可能となる「自然の教育」を提唱している。ルソーは自然という言葉を体系的に論じておらず、彼自身が序で述べているように、順序脈絡もなく自然という言葉をしばしば用いているが、自然の定義と言える唯一の論述を次のように長々と述べている。すなわち、「わたしたちは感官をもって生まれている。そして生まれたときから、周囲にあるものによっていろんなふうに刺激される。自分の感覚をいわば意識するようになると、感覚を生みだすものをもとめたり、さけたりするようになる。はじめは、それが快い感覚であるか不快な感覚であるかによって、つぎにはそれがわたしたちに適当であるか、不適当であるかをみとめることによって、最後には理性が与える幸福あるいは完全性の観念にもとづいてくだす判断によって、それをもとめたり、さけたりする。この傾向は、感覚がいっそう鋭敏になり、いっそう分別がついてくると、その範囲がひろがり、固定してくる。しかし、それはわたしたちの習性にさまたげられ、わたしたちの臆見によって多かれ少なかれ変質する。この変化が起こるまえの傾向が、わたしたちの自然とわたしが呼ぶものだ」(18)と、述べている。

この論述から判断すると、ルソーの考える自然とは、まず人間生具の感覚とその発展としての理性が求める完全と幸福を求める性向であり、後天的な習慣による変化以前の性向と考えられる。また、「わたしたちの自然」という表現からも分かるように、それは人間の本性を意味する概念にほかならない。まさに、ルソーが意図する自然の教育とは、人間の本性を育てる教育であり、自然に従う教育とは人間の本性の歩みや発達に従う教育なのである(19)。

また、ルソーによれば、自然の教育を行うには自然人の性向を考察し、その進歩の過程を知ることが必要なのである。この自然人という概念は、『エミール』においては次のような比喩によって論述されている。自然人は絶対的な整数で、自分に対して、また自分と同等のものに対して関係を持つだけの人間であり、自分がすべてである人間である(20)。そして、ルソーはさらに『エミール』の第五篇で、自然の教育によって形成された人間を描いている。すなわち、「強壮で、健康で、活発で、器用で、頑丈で、豊かな感覚、理性、善良さ、人間愛にあふれ、正しい品行、よい趣味をもち、美しいものを好み、よいことを行ない、残酷な情念の支配からまぬがれ、世論の束縛にとらえられないで、知恵の掟を守り、友情の声に従い、あらゆる有益な才能と、いくつかの人を喜ばせる才能をもち、富にはほとんど関心をもたず、自分の腕の末端に生活の手段をもち、どんなことがあっても、パンにことかく心配はない」[21]人間である。

このような独立した完全無欠に近い人間像がルソーの説く自然の教育の目標と考えられるのであるが、それはあくまでも求められるべき理想としての人間像であって、またそれは同時代の特権階級と無権利の貧民階級が存在する不平等な社会や堕落した人間への批判の帰結としての理想的人間と言えるのである。実際、ルソーは『人間不平等起源論』においてもそうであったように、社会が人間の不平等をつくりだし、人間を堕落させたという見解を『エミール』においても繰り返している。

すなわち、「社会は人間をいっそう無力なものにした。社会は自分の力にたいする人間の権利を奪いさるばかりではなく、なによりも、人間にとってその力を不十分なものにするからだ」[22]と述べている。さらに、彼は社会的状態を次のように批判する。「人間はアリのように積み重なって生活するようにつくられていない。かれらが耕さなければならない大地の上に散らばって生きるようにつくられている。一つところに集まれば集まるほど、いよいよ人間は堕落する。弱い体も悪い心も、あまりにも多くの人が一つところに集まることによって生じるさけがたい結果だ」[23]。ルソーにとっては、まさに「都市は人類の堕落の淵」[24]であり、彼は「大都会に行って暮らすことはすすめない。はんたいに、よい人間がほかの人間に実例を見せてやらなければならないことの一つは、田園の質朴な生活、人間の最初の生活、いちばん平和で自然な生活、腐った心をもたない者にとってはこのうえなく快い生活だ」[25]と言うのである。

以上のように、ルソーは当時の大都市パリの消費的で依存的な生活や技巧的・人為的な教育を批判して自然を讃美し、自然の生活や教育を説いたのであり、したがって彼の自然の教育の目標である自然人を未開人や野蛮人と解してはならない。ルソーは、その点について次のように述べている。「自然の人間をつくりたいといっても、その人間を未開人にして、森の奥ふかいところに追いやろうというのではない。社会の渦のなかに巻きこまれていても、情念によっても人々の意見によってもひきずりまわされることがなければ、それでいい。自分の目でものを見、自分の心でものを感じればいい。自分の理性の権威のほかにはどんな権威にも支配されなければいいのだ」[26]と。

このような見解は、ルソーの説く自然人が啓蒙主義の強調する理性を尊ぶ極めて独立的で主体的な人間であることを示すもので、「ルソーの『自然人』とは少なくともここ（『エミール』……引用者註）では実は彼独特の形態での『文化人』である」[27]と言えるし、いわば自然の概念も文化的な概念と解釈しなくてはならない。ややもすると、ルソーの著作で語られる自然は、そのロマン的で田園的な意味合いや、自然の教育の最もよくできた参考書が『ロビンソン・クルーソー』であるといった叙述から[28]、反社会的で反文化的な概念と解釈されかねない。しかし、ルソーが批判したのは、爛熟した特権と形式主義が支配したフランス絶対主義体制下の奢侈で欺瞞的な社会と文化であり、決して社会や文化そのものを否定しているわけではない。むしろ、ルソーはそのような腐敗した社会や文化を告発するために自然を対置し、望ましい人間の教育を通して本来あるべき人間と社会や文化の在り方を提起したのである。

かくして、ルソーの自然主義は堕落した文明を批判する文化論であると言えるし、また自然は彼がしばしば説いているように人文的な概念であり、同時にそれは創造主の手を離れる以前の善なる人間の本性であることが明らかである。しかし、ルソーにおいては、誕生とともに善なる自然性が失われるので、それゆえ人間の自然性への教育・自然に従う教育が必要になると解釈できるし、その教育的表現として人間自然の本性を開発すること、すなわち被教育者の自発活動性を尊重する児童中心の自然の教育が考えられているのである。いわば、ルソーの自然主義教育は、善なる自然の本性の開発であるとともに、人間の自然の本性への回帰であり、その回帰点となっている自然が教育の規範的な目的概念であると解釈できるのである。

3　児童観

教育史において画期的といわれる児童観を展開している『エミール』は、その序の冒頭でルソーが書いているように、「よき母を喜ばせるために着手された」[29]ものであるが、いわば同書はルソーが彼自身の子どもたちを孤児院に送ってしまった懺悔として書いたとも考えられるのである。すなわち、「父としての義務をはたすことができない人には父になる権利はない。貧困も仕事も人間的な遠慮も、自分の子どもを自分で養い育てることをまぬがれさせる理由にはならない。読者よ、わたしのことばを信じていただきたい。愛情を感じながら、こういう神聖な義務を怠るような者にわたしは言っておく。その人は自分の過ちを考えて、長いあいだにがい涙を流さなければならないだろうし、けっしてなぐさめられることもないだろう。」(30)と、ルソーは『エミール』の冒頭で自己批判とも考えられる言葉を綴っている。実際、ルソーは子どもを育てた経験もなく教育論『エミール』を書いたのであるが、しかし彼の生涯年譜によれば二八歳から二九歳までの一年間、まだ独身であったころにリヨンのマブリ家の家庭教師を経験している。したがって、『エミール』はその一年間の経験と、彼の夢想的な天才的思惟によって創作された書と言えるのである。

周知のように、『エミール』は、エミールという少年の誕生から成人するまでの期間を、五つの期間に区切って論述されている。第一期は誕生から二歳ころまでであり、第二期は三歳から一二歳ころまでで、第三期が一三歳から一五歳、第四期が一六歳から成人するまでであって、最後の第五期はソフィーという女性に代表される女性教育論とエミールの結婚について論じられている。また、エミールは親があっても親から離れており、田舎で若い男の教師に教育され、他にまかないの夫婦がいるだけの田園的自然環境が『エミール』の舞台となっている。

ところで、問題の児童観は、序文において述べられ、また幼児教育については第一期と二期が『エミール』の第一編と第二編の前半において述べられている。ルソーの児童観を端的に表している章句として、彼は『エミール』の序の冒頭で「人は子どもというものを知らない。子どもについてまちがった観念を持っているので、議論を進めれば進めるほど迷路にはいりこむ。このうえなく賢明な人々でさえ、大人が知らなければならないことに熱中して、子どもになにが学べるかを考えない。かれらは子どものうちに大人をもとめ、大人になるまえに子どもがどういうものであるかを考えない。」(31)と述べている。また、彼は「子どもは獣であっても成人した人間であってもならない。子どもでなければならない」(32)と子どもの固有性を論じ、そして子どもは人間生活の秩序のうちにその地位を占めているのであり、人間を人間と考えるように子どもを子どもとして考えなければならないと、子どもの独自性を強調しているのである(33)。

ルソーによれば、「自然は子どもを人から愛され、助けられる者としてつくった」(34)のであり、「子どもくらい同情と看護と保護を必要とするものはない」(35)と、子どもの無助性や子どもが要保護的な存在であることを指摘している。さらにルソーは、「人間がはじめ子どもでなかったなら、人類はとうの昔に滅びてしまったにちがいない」(36)と述べ、それゆえ母親は子どもを生まれたばかりの若木のように護り(37)、教師は「生徒をもっとよく研究すること」(38)が必要であると説いているのである。

以上のようなルソーの児童観は、子どもの発見者と言われるように児童中心主義の立場を明確に述べていて、とりわけ子どもがいかに要保護的・要教育的な存在であるかということを論じているのである。このような意味で、まさに『エミール』は子どもの聖書と言うべき著作であり、今日の子どもの権利・子どもの人権という考えも、このルソーの児童観にその思想的淵源があると言ってよいのである。

4　幼児の教育

ルソーは、『エミール』の第一篇の冒頭で、「植物は栽培によってつくられ、人間は教育によってつくられる」(39)と、人間形成の本質的作用としての教育の重要性を述べ、また人間は分別や判断力もなく弱い者として生まれているので、大人になって必要なものはすべて教育によって与えられる(40)と、人間が要教育的存在であることを指摘している。したがって、ルソーにおいては「人間の教育は誕生とともにはじまる」(41)のである。彼によれば、教育は自然か人間か事物によって行われるもので、能力と器官の内的発展は自然の教育であり、その内的発展をどう利用するかを教えるのが人間の教育であって、さらに我々が経験によって獲得するのが事物の教育なのである(42)。

ルソーにおける教育の目標は自然の教育に近づくことであり、自然の法則に逆らわずに自然を観察して自然が示す道や、自然の歩みに従って教育することが彼の教育思想の核心であって(43)、幼児の教育もこの思想のもとに考えられる。ルソーにおける自然の概念についてはすでに論じたが、ルソーの言う自然とはいわゆる心理学的自然としての人間の本性であり、自然の存在として人間が保有する能力と器官を発達させることが自然の教育であって、自然に従う教育とは人間本性に従って行う教育を意味する。ちなみに、自然 **nature, Natur** という言葉は自然とか本性と訳されることからも、自然主義の教育の意味が了解できるであろう。

ところで、ルソーの自然主義の教育は人間の本性の発達や発展が教育の目標であることから、本性が善であるという性善説がその根底になっている。すなわち、ルソーにおける性善説は、『エミール』の第一編の書き出しの「万物をつくる者の手をはなれるときすべてはよいものであるが、人間の手にうつるとすべてが悪くなる」[44]という論述から窺うことができるのである。また、ルソーにおいては、「自然からくる最初の衝動はつねに正しい」[45]のであり、「人間の心には生まれつきの不正というものは存在しない」[46]という論述が彼の性善説を裏づけるものであって、まさにルソーの児童観の根本には性善説が捉えられているのである。

したがって、彼の説く教育は、「まず、生徒の性格の芽ばえを完全に自由に伸ばさせ」[47]、「子どもの状態を尊重するがよい」[48]という教育であり、また子どもの行うことの善悪を早急に判断せずに「長いあいだ自然のなすがままにしておくがいい。はやくから自然に代わってなにかしようなどと考えてはならない。そんなことをすれば自然の仕事をじゃますることになる」[49]ということが教育原理となる。このような教育思想は、教育における消極説・消極教育説と言われるもので、子どもを統制したり、必要以上に子どもに介入するのではなく、子どもの活動や発達を見守り、尊重するということを親や教師に要求するのである。まさに、ルソーは、子どもが一日じゅう跳ねたり遊んでいるのを意味のないことと決めつけたりしないで、そうした子どもの動きは一生の間で最も充実している時であって、幼い時代を幸せに暮らしていることである[50]と、子どもの立場に立った論述をしているのである。

一方、ルソーは、子どもは生まれて八歳迄に病気と事故で半数が死んだという当時の状況から、特に乳幼児期は体を健康にすることを重視する[51]。すなわち、彼は生まれたばかりの子どもには手足をのばさせることをすすめ、都会の空気は子どもを不健康にするので、田舎のよい空気のもとで体質を強めることが必要であると説き、健康を増進させるために手足を動かせたり、水浴などによる身体の鍛錬を説いている[52]。そして、虚弱な身体は魂を弱くするので、身体を大事にしなくてはならないが、医学に頼るよりも労働と節制が人間の真の医者になると説いている[53]。

他方、ルソーは、教育の消極説として、「理性の眠りの時期」[54]の子どもの時代には、文字や音だけを学ぶ暗記主義の教育や観念的な教育を否定する。すなわち、ルソーは「子どもにとってなにもあらわしていない記号の表をかれらの頭につめこんでなんの役にたとう」[55]かと述べ、いわゆる早教育を批判する。ルソーは、人間の悟性に入るすべてのものは感覚を通して入るのであるから、むしろ感覚的な関係を学ばなければならないと述べ、また子どもの時代は観念と観念の関係を捉えることも極めて稀であるので、後の知識の材料となる影像や形と音などの感覚、つまり視覚や聴覚、特に視覚の訓練をすることを強調している(56)。

また、子どもは理性の時期がくるまでは道徳的、社会的義務の観念が持てないから、六・七歳ころまでは自分が無力であることを知らせ、教師に従わせるべきであると述べている(57)。そして、ルソーは、罰を罰として加えてはならないと述べ、粗暴な子には早くから道徳観念を教える必要があり、その具体的な方法として嘘を例に挙げ、嘘をつくと次から信じてもらえない結果を思い知らせたり、物を壊せば新しい物を与えず我慢させなくてはならないといった躾の原理を挙げている(58)。

ところで、『エミール』におけるルソーの理想とする教師は、どのような教師であろうか。言うまでもなく、これまで述べてきた彼の児童観や教育理念を理解し、またその前提となる人間観や自然観を理解している教師であるが、そのような教師についてのルソーの言及を挙げることで、『エミール』における望ましい教師の在り方を明らかにしておこう。

ルソーによれば、教師は金銭のためではできない高尚な職業であるので、よい教師の第一の資格は金で売買されるような人間であってはならないし、また教師自身が子どもをよく教育できるように教育されていなければならない(59)。まさに、ルソーが言うように、人間を形成することを考えるのであれば、その人自身が人間として完成されていなければならないのである(60)。さらに、そのような教師を具体的に言えば、『エミール』における望ましい教師は、子どもを子どもとして考え、子どもを愛し、子どもの遊びや楽しみを好意をもって見守る人であり、生徒をその年齢に応じて取り扱う教師であって、そのために生徒を観察する熱心な教師であることが必要なのである(61)。そして、ルソーに従えば、教師よ「単純であれ、慎重であれ、ひかえめであれ」(62)、また「正しく、人間的で、情け深くあれ」(63)とも言えるのである。

5 評価

アメリカの教育史家P・モンローは、ルソーの一七六二年四月出版の『社会契約論』には、一七七六年のアメリカの「独立宣言」と一七八九年フランス革命の「人権宣言」の根本思想である人民主権や自由の思想的起源があり、同様に同年五月出版の『エミール』には、近代の幼稚園や初等教育の思想・子どもの自由を尊重する教育思想の起源があると評価している(64)。まさに、それはルソーが近代民主主義の祖とか子どもの発見者と言われる由縁であって、ルソーは政治思想史上だけでなく、教育史上においても革命的な思想家なのである。

また、『エミール』はその宗教論、いわゆる「サヴォアの助任司祭の告白」(65)によって異端と見なされたのであるが、教育論におけるルソーの児童観も「子どもの発見者」と言われるように革命的な児童観であった。すなわち、ルソーは、子どもは大人を小さくした小型の大人ではなく、子どもを子どもとして観ることを主張し、児童期は児童期そのものとしての意味があると、当時では極めて革命的な児童観を展開したのである。まさに、ドイツの教育史家F・ブレットナーが評価しているように、ルソーは人間の発達における児童期の固有の権利・「子どもの権利」(das Recht des Kindes)を発見したのである(66)。また、アメリカの教育学者R・ウーリッヒは、ルソーの教育哲学は子どもに自然の権利を与え、教会と国家や社会を中心として展開されてきた教育が人間の発達の中心に置かれるという「コペルニクス的転回」(the Copernican turn)を達成したと高く評価しているのである(67)。

一般に、ルソーからは始まる教育思想を教育史上では近代教育思想と言うが、周知のように近代思想とは身分や階級制から解放された対等・平等の人間として個人を認知する思想であり、反対に旧思想は身分や差別を容認する思想であって、また旧教育とは教会の支配にあった伝統的な教育を意味する。すなわち、アメリカの著名な教育学者キルパトリック(William H. Kilpatrick, 1871-1965)が指摘しているように、アレキサンドリア的な旧教育では、子どもはどのような意味でも現実に生きているものとしては考えられず、将来に生きるものとして考えられ、また唯一でないとしても、旧教育の主な教育の方法は機械的な記憶であったのである(68)。まさに、ルソーは、当時のそうした伝統的な古い教育とはまったく反対の教育を主張したのであって、そこに彼の新しさや近代教育の始祖とされる革命性が存在するのである。

また、キルパトリックは、ペスタロッチ以前の教育課程の無味乾燥さは今日では信じられないようであると述べている[69]。すなわち、ペスタロッチは、周知のようにルソーの思想に青年時代から強い影響を受け、彼の教育活動はルソーの教育思想の発展的実践であった。いわば、ルソーによって高められた近代教育の思想は、スイスのペスタロッチや、ペスタロッチのイヴェルドンの学園に滞在して彼の教育思想を学び、やがて世界で最初に創設した幼稚園で独自の幼児教育の在り方を実践したフレーベルにおいて結実しているのである。また、二〇世紀に至って、ルソーの児童観や幼児教育思想は、デューイ(John Dewey, 1859-1952)やモンテッソーリなどの新教育運動の指導者に受け継がれたのである。まさに、イギリスの教育学者R・ラスクが述べているように、ルソーは教育の新理論を基礎づけ、子どものために子どもが自分自身で学ぶ自由という近代教育の重要な問題の一つを提起したのであり、その自由が「新教育の主要な標語の一つ」(one of the main watchwords of the new education)となったのである[70]。

註

(1)ルソー著、小林善彦訳『告白』、『ルソー全集』第一巻所収、白水社、一九七九年、一四頁〜二三頁。
(2)同前書、四一頁、五三頁参照。
(3)同前書、五九頁、八一頁参照。
(4)同前書、三七六頁〜三七七頁参照。

(5)同前書、三五八頁〜三六一頁参照。
(6)桑原武夫編『ルソー』岩波書店、一九六二年、一二頁、一三頁参照。
(7)ルソー著、本田喜代治、平岡昇訳『人間不平等起原《ママ》論』岩波書店、一九三三年、一九六二年二六刷、二三頁、二五頁参照。
(8)近世のホッブズ(Thomas Hobbes, 1588-1679)やロックなどの国家論における重要な概念で、政治社会の成立以前の状態を意味する言葉である。
(9)前掲『人間不平等起原《ママ》論』、六五頁、七七頁参照。
(10)同前書、七四頁。
(11)同前書、六三頁。
(12)同前書、七九頁、六九頁、二八頁参照。
(13)同前書、二五頁。
(14)同前書、三六頁。
(15)同前書、五〇頁。
(16)同前書、四七頁。
(17)ルソー著、今野一雄訳『エミール』上巻、岩波書店、一九六二年、一九六四年四刷、一七頁、二〇頁参照。
(18)同前書、二六頁。
(19)ルソー著、今野一雄訳『エミール』中巻、一九六三年、一九六六年六刷、九五頁、前掲『エミール』上巻、四九頁参照。
(20)前掲『エミール』上巻、二七頁。
(21)ルソー著、今野一雄訳『エミール』下巻、岩波書店、一九六四年、一四〇頁。

(22)前掲『エミール』上巻、一一二頁。
(23)同前書、六五頁〜六六頁。
(24)同前書、六六頁。
(25)前掲『エミール』下巻、二五九頁。
(26)前掲『エミール』中巻、九八頁。
(27)林達夫著『ルソー』岩波書店、一九三六年、一九八四年復刻、六三頁。
(28)前掲『エミール』上巻、三二五頁参照。
(29)同前書、一七頁。
(30)同前書、四六頁。
(31)同前書、一八頁。
(32)同前書、一一三頁。
(33)同前書、一〇三頁。
(34)同前書、一二一頁。
(35)同前書、一二二頁。
(36)同前書、二四頁。
(37)同前書、二三頁。
(38)同前書、一八頁。
(39)(40)同前書、二四頁。
(41)同前書、七一頁。
(42)同前書、二四頁〜二五頁。

(43)同前書、二五頁、四二頁、四九頁参照。
(44)同前書、二三頁。
(45)(46)同前書、一三〇頁。
(47)同前書、一三四頁。
(48)同前書、一六一頁。
(49)(50)同前書、一六二頁。
(51)同前書、四二頁〜四三頁。
(52)同前書、三四頁、六五頁、六〇頁、六七頁参照。
(53)同前書、五六頁、五九頁参照。
(54)同前書、一六三頁。
(55)同前書、一七二頁。
(56)同前書、二〇三頁、一二三頁、一六三頁〜一六四頁、二六二頁、二四〇頁参照。
(57)同前書、一二三頁、四四頁参照。
(58)同前書、一四八頁〜一四九頁、一四七頁参照。
(59)同前書、四七頁。
(60)同前書、一三五頁。
(61)同前書、一〇三頁、一〇一頁、一二七頁、一三四頁、一三八頁参照。
(62)同前書、一三八頁。
(63)同前書、一三六頁。
(64)cf., Paul Monroe, *A Text-Book in the History of Education*, Macmillan, New York 1905, p.550ff.

(65)前掲『エミール』中巻、一一〇頁以下。
(66)Fritz Blättner, *Geschichte der Pädagogik*, Quelle und Meyer, Heidelberg 1958, S.72f.
(67)Robert Ulich, *History of Educational Thought*, American Book, New York 1945, p.223.
(68)William Heard Kilpatrick, *Philosophy of Education*, Macmillan, New York 1951, 2 ed.1963, p.223ff.
(69)ibid., p.228.
(70)Robert Robertson Rusk, *A History of Infant Education*, University of London Press, London 1933, 2 ed. 1951, p.19, p.24.

第四章　ヨハン・ハインリッヒ・ペスタロッチ

1　生　涯

ペスタロッチ(Johann Heinrich Pestalozzi)は、一七四六年一月一二日にスイスのチューリッヒ(Zürich)で生まれた。彼の最晩年の著作『白鳥の歌』(*Schwanengesang*, 1826)の回想によれば、ペスタロッチは外科医の父親に五歳で死別し、幼児期は虚弱であったが母親と召使いのバーベリの献身によって、兄と妹とともに育てられた。彼は、早く父親を失い、いわゆる母親育ちの子であったためか、男性的なことが不得意であったが学業には秀れ、仲間から「馬鹿村の変わり者ハイリ」(Heiri Wunderli von Thorliken)と渾名をつけられたが、親切であったことから大部分の級友に愛されていた(1)。

ペスタロッチは、三年の初等教育の後に中等教育を聖母教会(フラウミュンスター)付属のスコラ・

アバティサーナや大教会(グロスミュンスター)付属のスコラ・カロリーナなどのラテン語学校で受け[2]、その後高等教育はコレギウム・フマニタティスとコレギウム・カロリヌムで学び、最終的に神学を修め牧師になることを志していた。彼が、牧師になる希望を持つようになったのは、幼くして亡くした父親の代わりとなっていた牧師の祖父の影響があったからである。しかし、彼はコレギウム・カロリヌムで学ぶなかで、特にボートマー(Johann J. Bodmer, 1698-1783)教授に共感し、ボートマーの設立したヘルヴェチア協会の前身の歴史・政治協会に一七歳から関わり、当時は危険視されていたルソーの『社会契約論』や『エミール』を読んで影響され、牧師になることを断念し、法律を学んで故郷の都市で行政に携わろうと考えていた。

ペスタロッチは、ルソーの著作に影響され、牧師となるための神学課程には進まず、一七六五年の秋に大学生活を打ち切り、愛国者団での政治活動に関わった。しかし、ペスタロッチの属した愛国者団のメンバーによるチューリッヒ市当局批判文書が摘発され、ペスタロッチは仲間たちとともに一七六七年一月二八日から四日間市庁舎に拘禁された。彼は、その民主主義的な精神と活動によって「革命家」(Revolutionär)とみなされ、希望していた官職への展望を失ったのである[3]。

ペスタロッチは、チューリッヒ市当局の拘留から放免された後、「私は農業の改良をしたい」[4]と、一七六七年キルヒベルクのチッフェリ(Johann R.Tschiffeli, 1716-1780)の農場で見習いを九カ月し、翌年ブルック近郊のビルに借金で土地を求め、農民として移り住んだ。一七六九年、ペスタロッチは友人の姉アンナ（Anna Schulthess, 1738-1815）と結婚し、ルソーの「自然に還れ」を実践するように、チューリッヒを去ってブルック近郊の田園ノイホーフに住み、都市住民から差別されていた地方農民の友として農業経営の改善や貧農の子弟の教育に従事したのである。彼は、アンナ夫人が一七七〇年三月五日の日記に綴っているように、朝早くから農場に出てよく働いたようで(5)、チッフェリの農場で学んだ近代的な新しい農法によってそれまでの旧式な三圃式耕作法を改良し、共有放牧の休閑地に飼料用のクローバーや馬鈴薯などを栽培して効果をあげたのである。しかし、共有権者たちとのいざこざから出資銀行への讒言にあい、資金を打ち切られたりするなかで、農業経営は困難に陥った(6)。

ペスタロッチは、そうした厳しい状況のなかで貧しい者たちの施設、ノイホーフの貧児院を開いたのであるが、その財政支援を世に訴えることによって資金を得て、最盛期には四〇名近い四歳から一九歳の子どもたちを収容し、読み書きや紡績、農学や家政を教えた(7)。しかし、財政的にはアンナ夫人の相続した財産が費やされたが、直ぐに使い果たしてしまい、それに加えて収容されていた子どもたちの親の身勝手さから、子どもたちが衣服を与えられ教育されると親元に連れ戻されたので十分な労働力を失い(8)、また借金がかさみ施設の運営と維持が困難となって一七八〇年に施設を閉鎖した。

ペスタロッチのノイホーフでの事業の破綻は、教育活動を続けて彼の教育理念を遂行することを不可能にし、その後二〇年近く彼は文筆活動によって彼の思想を展開することになった。その初期の代表作が、ペスタロッチの後の思想の萌芽となっている『隠者の夕暮』(*Die Abendstunde eines Einsiedlers*, 1780)や、彼を有名作家とした民衆小説『リーンハルトとゲルトルート』(*Lienhard und Gertrud*, 1781/1787)であり、他に第二の民衆小説『クリストフとエルゼ』(*Christoph und Else*, 1782)や時事的社会評論『立法と嬰児殺し』(*Über Gesetzgebung und Kindermord*, 1783)などが続けて刊行され、一七八九年のフランス革命の勃発が執筆の契機となった『然りか否か』(*Ja oder Nein*)と、彼の社会哲学ないし政治哲学や人間学である『人類の発展における自然の歩みについての私の探究』(*Meine Nachforschungen über den Gang der Natur in der Entwicklung des Menschengeschlechts*)を一七九三年ころから執筆し、一七九七に出版した。

ペスタロッチが著述家として有名になったこの間、彼が四三歳の時にフランス革命が勃発し、フランス革命とその支援のもとに成立した一七九八年のスイス革命は、ペスタロッチの生涯に画期的な状況をもたらした。すなわち、ペスタロッチは著作によって自由と解放に尽くしたとして、一七九二年八月二六日フランス立法議会から人類の幸福のために尽くした同時代の傑出した人物ペイン(Thomas Paine, 1737-1809)やワシントン(George Washington, 1732-1799)と、ベンサム(Jeremy Bentham, 1748-1832)やシラー(Johann F. von Schiller, 1759-1805)などとともに、フランス共和国名誉市民の称号を贈られた(9)。また、スイス革命で成立したヘルヴェチア共和国では、政府発行の『ヘルヴェチア国民新聞』(*Das Helvetische Volksblatt*)の編集主任を委任され、政府の広報を担ったのである。名誉市民を授与された理由は、「その作品と勇気とをもって、自由と解放のためにつくした人びとは、フランスにとっては外国人でありえない」[10]というものであった。それを機会に、ペスタロッチはフランス政府宛に、自分は国民陶冶の領域で誰にも劣らない活動ができる[11]と、教育の仕事を要請する手紙を書き、フランス革命を支持する文書を送っている。

ペスタロッチが時代の著名人となり、教育の領域で名を成すのは、一七九九年にスイス革命に伴う争乱で生じたシュタンツの孤児の救済に政府の要請で従事した養育活動や、ベルン近郊のブルクドルフ城で開いた初等学校の教育活動と、イヴェルドン城に移っての教育活動やその実践にも基づいて著された教育論によってである。ブルクドルフの学園には、後の教育学の樹立者ヘルバルト(Johann F. Herbart, 1776-1841)をはじめヨーロッパの諸国から見学者が訪れ、またイヴェルドンの学園には世界諸国からの見学者に加えて、プロイセン政府からペスタロッチ主義の教育方法を学ぶために研修生が派遣された。そして、世界で初めて幼稚園を開設したフレーベルが二度、一八〇五年と一八〇八年から二年間イヴェルドンの学園を訪れてペスタロッチに学んでいるし、世界で最初に本格的な保育所を開設したイギリスのオウエン(Robert Owen, 1771-1858)も一八一八年にイヴェルドンを訪れ、ペスタロッチの教育活動を見学しているのである。

ペスタロッチのイヴェルドンの学園は、最盛期には世界の教育の中心地となり、ペスタロッチは一八二六年に学園内部の教師の争いで学園が閉鎖されるまで学園長を務めた。そして、学園閉鎖後、教育活動を初めて行ったノイホーフに戻り、翌年一八二七年二月一七日の夕方七時ころ、孫夫婦に看取られて八一歳の生涯を閉じたのである。永眠の顔は、子どもたちに夢を語るような穏やかな微笑を浮かべていたと言われる(12)。

2 『育児日記』における幼児教育

ペスタロッチの膨大な著作において、育児や幼児教育の名のもとに編纂されている著作は、『育児日記』(*Tagebuch Pestalozzis über dle Erziehung seines Sohnes*, 1774/1775)と、『幼児教育についての書簡』(*Letters on early education, addressed to J. P. Greaves, Esq. by Pestalozzi*, 1818/1819)である。そこでまずこの両書によって、以下にペスタロッチの幼児教育の要点や原理を論究することにしよう。

『育児日記』は、ペスタロッチが学生時代に政治的な活動によって危険人物とされ、牧師から行政官への途を諦めノイホーフで農業改革事業に苦闘していた二八歳の時に、学生時代に大変影響を受けたルソーの『エミール』の教育を考えて、三歳半になっていた一人息子のヤーコプの育児の記録を日記として綴ったものである。したがって、その内容はルソーの教育思想の原理に基づく実験観察的な色彩が濃く、残されて収録されている日記も限られていて、また日記という断片的な記述ということもあり、体系的な記述とはなっていないが、その内容は後に展開されるペスタロッチの教育思想の萌芽としての理念を窺い知ることができる。

そこで、まず挙げられる教育理念は、ルソーの言う「自然の教育」のうちの「事物の教育」、いわゆる直観の教育である。すなわち、ペスタロッチは「汝は大自然の自由な殿堂へ汝の子の手を導き、山や渓谷でその子を教えるだろう……自然は汝以上の教師である」[13]と自分に言い聞かせるように書き、外界の諸事実との関係において行為する経験の成果を期待しているのである。実際、一月二七日から三〇日の日記に書かれているように、ヤーコプを谷に連れて行き、水が山を下って流れることを教えたり、木は水に浮くが石は沈むことを見せて教えている方法は、事物による実物教授としての直観の教育に他ならない。まさに、ペスタロッチにおいては、意味が分からない言葉を子どもに暗記させて言わせることは有害であり、事物と正しい観念が結びついていない言葉の知識は真理の認識を妨げることと考えられているのである。

次に、ペスタロッチの育児日記で指摘すべき教育の理念は、学習において子どもの興味を重視する児童中心主義である。すなわち、彼はすべての学習は生気や喜びが失われていては一文の値打ちもないと書き、子どもが喜びや関心を持つことから始めて、彼らに負担を負わせ過ぎたり、不自然な努力を強制してはならないと述べている。また、彼によれば、子どもに知識を強要してはならず、子どもが十分興味を感じるとき以外は判断を要求しないで、何事も急がず正確に完全で秩序正しく順を追って学ばせることが必要なのである(14)。

以上のような児童尊重の立場をとり、「汝の子をいつもできる限り自由にせよ」(15)と書くペスタロッチではあるが、他方で子どものわがままには厳しい。すなわち、ペスタロッチは、ルソーに従った全く自由な子どもの状態は、青年時代に必要以上に束縛を感じたり蹉跌をまねくので、子どものわがままに対しては監視せよと書き、汝の子どもたちの自由が社会的義務の準備のために、抑制が必要な時には子どもたちの自由のすべてを抑制せよと書いている。ペスタロッチにおいては、自由は善であり、また従順も同じように善なのであって、従順ということがなくては決して教育はできないし、社会生活に不可欠である技能や習慣は、抑制されない自由のもとでは陶冶されないと考えられているのである。

3 『幼児教育についての書簡』の教育原理

『幼児教育についての書簡』は、ペスタロッチが七二歳から七三歳のときの著であり、世界の教育の中心となっていたイヴェルドンの学園に一八一九年から一八二二年まで滞在し、留学生たちに英語と古典語を教えていたイギリスの博愛主義者グリーヴズ(James P. Greaves,1777-1842)に宛てた三四通の書簡集である。原文はドイツ語であったが残っておらず、グリーヴズが帰国後ペスタロッチの死の一八二七年に同僚の語学教師ブーフホルツに英訳させたとされたが、実際は歴史家であったヴルム(Christian F. Wurm, 1803-1859)の手によって翻訳出版されたものである(16)。

『幼児教育についての書簡』の内容は、一八一八年一〇月一日から一八一九年五月一二日までの八カ月にわたって断続的に書かれた手紙ということもあって、論理の一貫した体系的な内容とはなっていない。ペスタロッチは、もともと冷徹な論理によって著作する学者的な著述家ではなく、心情による直観的な論理を展開して繰り返しの多い文章を書くので、同書もその内容の順を追って体系化するのは難しいが、以下のような内容に要約することができるであろう。

(1)児童観と幼児教育の目的

ペスタロッチは、子どもには人間本性のすべての能力が賦与されているが、しかしそれらのどれもが未発達のまだ開いていない蕾であると述べ、子どもには神によってそのようなすべての能力が与えられているのであり、良心の声のような精神的な本性さえも与えられていると述べている。ペスタロッチは、一般に幼児は動物的で本能的な存在としか認められていないが、子どもには創造主から測り知れない能力という贈り物が与えられているのであり、そうした能力やすべての純粋な徳の種子が目覚めさせられないで、子どもを支配している本能が罪と見做されてはならないと述べ、子どものうちに宿る本性的な能力の善性を認めているのである(17)。

一方、ペスタロッチによれば、子どもは特に誕生後のある期間は力もなく身体的に無力であり、動物としても最も下位の存在なのであって、自分の欲求を語ることも充足することも考えられない、いわゆる無助的な存在なのである。このよるべなき脆弱な幼児という児童観からこそ、幼児教育の必然性が生じるのであり、まさしくそれゆえに幼児教育の目的は「母親たちの助けが無ければ決して達成されない」(18)のである。

ところで、ペスタロッチにおける幼児教育の目的は、子どもの敏感な時期に精神的な努力のためだけでなく、人間本性の最善の感情と結びついた興味を刺激する動機を与えることなのである。また、彼によれば教育の究極目的は、学校の成績の熟達ではなく、生活への適応であり、盲目的な服従や決められた勤勉な習慣の習得でもなく、自立的な行為への準備なのである。特に、ペスタロッチの幼児教育の究極的な目的は人間の道徳的本性の育成が中心となっていて、彼はその点が幼児教育のときから銘記されなければならないと力説しているのである(19)。

(2)幼児教育の内容と方法

ペスタロッチの『幼児教育についての書簡』が書かれた一九世紀の初頭という時代は、幼稚園の創始者のフレーベルがペスタロッチのイヴェルドンの学園で研修していた時期であり、幼児教育はまだ黎明期にあったと言える。同書の教育の内容は、今日の幼児教育におけるように体系的ではないが、しかし幼児教育の原理的な素描が窺える。ペスタロッチは、言うまでもなく初等教育における学校の改善やその教授法の改革に精力を傾けて成果を挙げたのであるが、しかし彼は同書の冒頭で「自分たちの改善した体系が、教育の最初の段階(幼児教育……引用者註)に到達しないかぎり……自分たちの仕事が半分も達成されたと見なすべきではない」[20]と述べ、幼児教育という生涯の最も早い段階の教育の重要性を説いているのである。

ところで、ペスタロッチの幼児教育についてのカリキュラム・教育内容と教育方法についての考え方であるが、彼はすべての領域について言及していないが、知的な教育として幾何と地理、身体の教育として体育、美的・芸術的教育として音楽と絵画を挙げている。彼は、事物を考える教育として幼児教育の段階で幾何の初歩を導入し、形の要素を通じてその特性による組合せや割合を教授すべきであると説き、また地理では略地図を描かせることによって全体的位置や大きさに対する正確な観念の習得を説いているのである[21]。

体育については、単なる身体の強さや器用さの習得ではなく、体育を通して感覚全体を訓練する運動が工夫されなければならないと述べ、音楽も国民歌謡などは国民感情を高揚し、道徳教育にも通じる情操を養うものとして、音楽の有益な教育的影響力を指摘している。また、絵画については事物の写生を通して子どもたちの観察力を鋭敏にし、光と陰による遠近法の初歩的観念を習得させる習慣を早くから養うべきであると論じている。しかし、その際にこまごまとしたことまで指示するのではなく、彼らの新たな努力が忍耐強く試みられる余地を残すような指導がなされなければならない[22]と、ペスタロッチは説いている。

以上のような幼児教育の教育内容に対し、その教育方法では「興味」と「模倣」という観点から方法原理が述べられている。すなわち、ペスタロッチによれば、子どもたちが努力をしないのは興味の欠如からであって、その原因のほとんどが教師の指導方法にあり、長々しい無味乾燥な説明を沈黙して聞かせるような教授の方法にある。したがって、ペスタロッチは知識の習得における興味は教師や母親がまず第一に思い起こさなければならないことであると述べ、また「模倣」については模倣への欲求と試みは子どもの能力の最初の表れであるから、子どもの模倣を促す玩具を与えたりして助けるのがよいと述べている[23]。まさに、この模倣や興味という子どもの自発活動性を幼児のころから重視し、そのために玩具を用いる方法、すなわち子どもの関心・興味を中心に置くペスタロッチの保育ないし教育の方法原理は、フレーベルをはじめとして、今日に至るまで引き継がれてきているのである。

4　幼児教育の根本原理

これまでペスタロッチの幼児教育の思想を初期の論考である『育児日記』と晩年の『幼児教育につ

いての書簡』において論究してきたが、そのなかで論じられている彼の幼児教育の理念や原理を要約すれば、第一に幼児教育は知識の習得そのものが目的ではなく、その目的は生活への適応にあり、それも心情の教育と精神的な人間の陶冶が中心的な課題となっている。第二には、子どもの感覚に訴える事物を提示することで、子どもの興味や関心を喚起するという直観教授を原理とする理念が挙げられるのである。

以上のような幼児教育の根本思想は、ペスタロッチの初期の代表作である『隠者の夕暮』以来の理念に他ならない。すなわち、『幼児教育についての書簡』は、ペスタロッチが世界的に著名な教育家となり、すでに彼の教育方法が高い評価を得ていた晩年の論考であり、それ以前の教育の理念や原理がその根底になっていると言ってよいのであって、同書の冒頭で述べられている「半世紀以上の経験から……私たちの事業……私たちが熱望している目的」[24]とか、第二五信のうちの「私の計画と同僚の計画のすべての目的……私たちが真剣に取り組んできた教授の制度の改革」[25]などの章句は、そのことを示すものと解釈できるのである。そこで、ペスタロッチの幼児教育の基底となっている根本思想の論究が必要となるが、彼の教育思想のうちで先の幼児教育に関係する理念や原理は、子どもの初期の教育の原理である基礎陶冶の理念と合自然の理念であり、次いで直観の原理と家庭の居間での教育という生活圏の理念である。そこで、以下にそれぞれについて明らかにしよう。

(1)基礎陶冶の原理

ペスタロッチにおいて「基礎陶冶の理念」(die Idee der Elementarbildung)という思想が最初に彼のうちに生まれたのは、一七九九年のシュタンツの孤児の養育活動であったとナトルプ(Paul G. Natorp, 1854-1924)が述べている(26)が、ペスタロッチの著作のなかで基礎陶冶が本格的に論じられるのは、一八〇五年の『方法における精神と心情』(*Geist und Herz in der Methode*)—以後『精神と心情』と略記—においてである。しかし、『精神と心情』で基礎陶冶という言葉が用いられているが、基礎陶冶の意味や内容ががより概念化されているのは一八〇七年の『基礎陶冶の理念に関する見解と経験』(*Ansichten und Erfahrungen, die Idee der Elementarbildung betreffend*)と、一八一〇年から翌年にかけて著された『基礎陶冶の理念について』(*Über die Idee der Elementarbildung*)である。また、彼は、生涯の思想の集大成である一八二六年の『白鳥の歌』の前半の部分でも、基礎陶冶について論じている。そこで、これらの諸著作から基礎陶冶の原理を明らかにしよう。

ペスタロッチによれば、基礎陶冶とは人間本性のうちにある永久不変の法則とその完成を達成する方法に他ならず、子どもの素質と能力を普遍的で調和的に発展させる方法であり、子どもの本性をできるかぎり最も気高く最善のものに構成することである(27)。また、基礎陶冶は、人類の啓発された愛、錬成された悟性および明敏な技術を付与することで人間により高い使命感やより高い諸能力の必要性への感情を高め、同時に人間の無力さや弱点の認識を人間のうちに意識させることなのである。そして、基礎陶冶は、知的、道徳的な崇高化への第一歩であり、すべての階層にとっての完全な教育と教授の方法であって、あらゆる国々で実践されるべき教育の理念なのである[28]。以上のようなペスタロッチの論述から明らかなように、基礎陶冶の原理とは、人間の普遍的な本性に基づく人間陶冶を目的とするものであり、すべての国のあらゆる階層の基礎となる人間陶冶を教育の根本に据えた教育原理と捉えられるのである。

(2)合自然の原理

ペスタロッチにおける基礎陶冶は、被教育者の人間本性の普遍的で道徳的、知的、身体的な諸能力を陶冶することであったが、しかしそれはまた道徳的、知的、身体的な諸能力の調和的発展を目指すものでなければならず、その調和的な発展は同時に合自然的な発展、自然の本性に従う発展でなくてはならない。すなわち、ペスタロッチにおいては、基礎陶冶とは、人間的心情や人間的精神と人間的技術の諸能力や素質を合自然的に発展させて形成する原理であり、子どもの心や精神を合自然的に鼓舞し、彼のすべての能力を相互に関連させながら刺激し、それらの諸能力がその出発点からすべてに陶冶され、合自然的に成長していくための道を開くことなのである[29]。

ところで、ペスタロッチは「合自然的」という言葉をしばしば用いているが、それはどのような概念なのであろうか。ペスタロッチにおいては、一般に自然は人間本性を意味するが、彼は『隠者の夕暮』で「自然の道」(Bahn der Natur)に従う教育について、次のように述べている。すなわち、人間には信仰と敬神によって、その本性の内奥に真理と無邪気と素朴さを聞くところのものが宿っているので、人間はその要求に駆られて真理への道を彼の本性の内奥に見つける。そして、高潔なる自然の道が導く真理は、力や行為であり、陶冶の源であるとともに人間のあらゆる本性の充実と調和であって、自然は人間本性のすべての力を練習することによって発現させるのである(30)と。このように、ペスタロッチにおいては、教育の目的となる人間陶冶は、人間の本性を安らぎのある知恵へと発展させる本性に従う教育を意味しているのである。

以上のように、ペスタロッチにおいては、自然は陶冶・教育されるべき目標であるとともに教育の方法を意味し、「自然の道」は教育の過程をも意味していると考えられる。そこで、さらに基礎陶冶で説かれる「合自然的な教育」(naturgemässe Erziehung)や「合自然性の原則」(Grundsatz der Naturgemässheit)とは、どのような教育原理なのであろうか。

ペスタロッチによれば、合自然の核となるものは、人間以外の生物がもたない精神的な力から由来する人間性そのものであり、また教育を合自然的に行うとは我々の動物的自然の感性的本質に永遠に反対して争う我々の本性を、我々に内在する永遠に消えることのない神的な閃光と陶冶の基礎とに一致させることであって、人間の動物的本性の要求を人間的心情、精神、技術などの素質や能力の内面的な本質の高尚な要求に従属させることなのである[31]。実に、彼の合自然的教育とは、人間本性に内在する自発的発展の衝動、つまり自己発展の衝動や欲求を教育の基礎に据え、これらの衝動や欲求を尊重して高尚な人間的能力に形成していくことに他ならないのである。

ペスタロッチは、以上の点を次のような子どもの例を挙げて述べている。「自分のいろいろな力を感じていて、それらの力を発展させる自己衝動によって活気づけられ、あたりを暴れまわり、自分の周囲にあるものは何でも自分の力を発展するための手段としてかきまわして乱すような乱暴な子どもでも、基礎陶冶のための手段が正確な簡潔さと力や愛をもって使用されると、その方法に強い感働を受け、それが自分を活気づける真理や力をもっていることを深く感じるようになり、文句なくそれに対して生き生きとした興味を感ずるようになる」[32]と。このようなペスタロッチの論述には、彼が子どもの自発的活動性を重視していることが窺えるのであって、合自然の教育原理とはいわば子どもの自発活動性や興味を尊重する教育原理であり、まさにそれがペスタロッチの幼児教育論の基底となっている根本思想なのである。

(3)直観の原理

ペスタロッチが把握し、論究した基礎陶冶の意味するものは、被教育者・子どもの自己活動によって彼らの内的感情を高めて人間性を陶冶することにあり、人間の本性に宿る素質や能力を普遍的、調和的に発展させることにあって、人間性のうちに存在する永久不変の法則に従って人間の根源的な三つの力である道徳的、知的、身体的な能力を発展させ、愛や悟性や技術として陶冶することにあった。それは、動物性を凌駕する善き人間自然の本性を尊重して、合自然的に人間本性の基本的能力として道徳的、知的、身体的な能力を調和的に発展させるという教育の方法原理を開示するものである。また、合自然とは、被教育者たち・子どもたちの本性の内奥に存在する活動的な自己衝動を尊重し、陶冶主体である彼らの興味や関心を重視することを意味している。とりわけ、ペスタロッチは、子どもたちの意欲と興味を喚起する方法として、直観を強調したのである。

ペスタロッチにおいて直観という言葉が最初に登場するのは、一七九九年の『ペスタロッチのシュタンツ滞在において友人に宛てた手紙』(*Pestalozzi's Brief an einen Freund über seinen Aufenthalt in Stanz*)においてであり、同書には後に彼が教育家として名声を得るペスタロッチ主義の教育方法の輪郭が窺えるし、直観による教育についての記述が散見される。すなわち、ペスタロッチは生活上の必要と要求は人間に事物の本質的な関係を直観させ、健全な感覚や生来の知力を発展させるので、子どもたちに正義や義務についての表象や概念を生起させるためには、彼らの周囲の日常の直観と経験に基づいて子どもたちの学習をより高い視点に、彼らのよりよい感覚を全面的に刺激することが必要であると述べている(33)。また、彼によれば、子どもたちが思考する最初の時期に、学習者の精神状態や外的関係に適合しない言葉本位の授業は彼らを混乱させるので、また彼らの経験ではいかなる命題も経験に結びついた現実的関係を直観的に意識することにより、すべてが真実なものとなることから、言葉による説明は最後にすべきであり、日常の生活圏内における場面と状況とを結びつける必要があるのである(34)。

以上のようなペスタロッチの論述は、彼の教育実践の観察から述べられたもので、そこには子ども中心の立場が明確に表明され、子どもの事物に対する認識活動において彼らの生活圏における経験的な感覚や直観を重視し、それらの表象に基づいて概念を獲得させる――事物と言語を一致させる――という学習活動上の原則が窺えるのである。また、この原則の前提は、初期の著『隠者の夕暮』においてすでに言及されていて、彼は同書で純粋な人間の知識は、最も身近な関係の認識の確実な基盤に基づいているので、日常生活で関係する事物が子どもの陶冶活動の基礎であると結論づけているのである(35)。

ペスタロッチが直観を問題とし、教育において直観を重視するに至ったのは、前述したようにシュタンツにおける教育経験からであり、彼はそれについて『ゲルトルートはどのようにその子どもたちを教えるか』(*Wie Gertrud ihre Kinder lehrt*, 1801) の冒頭で次のように述べている。「シュタンツでは、家庭や学校の非心理学的な躾の倦怠にその諸能力を麻痺されなかったがゆえに、早くからいろいろな能力を発展させた子どもたちがいた。……私は彼らを見て事実の認識と文字上の知識の間に存在しなくてはならない自然の関係を学んだ。……私は彼らに表面的な文字上の知識や単なる音や響にすぎない言葉への根拠のない信頼が、事実の直観の力と周囲の事物の確かな意識に大変な害を与えることを学んだ」[36]と。このような教育の経験から、彼は自然そのものの直観が人間教育の真の本質的な基礎であるという見地に到達し、直観を教授方法の根底に据えたのである。こうした直観に基づく彼の教授法は、ペスタロッチ主義と呼ばれ、当時のヨーロッパの教育界の流行となり、教育史や教授学上の成果であるだけでなく、今日の学校や幼稚園の教育にとって大変意義のある原理となっているのである。

(4)生活圏の原理

ペスタロッチの教育思想を今日に至るまで著名なものとしている直観の原理は、単に教室のなかの学習の理論であるだけでなく、生活のなかでの子どもの活動全般において考えられている原理である。すなわち、ペスタロッチによれば、直観力が触発されたり形成されるのは子どもの生活の圏内であり、直観力の合自然的形成の問題は、彼の言う「生活が陶冶する」(das Leben bildet)という命題に集約される。「生活が陶冶する」という命題の根本理念は、やはり初期の著作『隠者の夕暮』において窺うことができる。ペスタロッチは、同書で人類の家庭的関係は最初の最も秀れた自然の関係であって、父の家は人類のすべての純粋な自然的陶冶の基礎であると述べている[37]。すなわち、彼によれば家庭生活の親子関係では、母親は幼児がもの心のつかないうちから道徳の基礎となる愛や信頼の原型を形づくり、父親は「居間」(Wohnstube)で子どもに必要な生活の知恵や技術を教える役割を果たすのである。まさに、ペスタロッチにおいては、生活は最も身近な関係のうちに築かれ、子どもの身近な諸々の事物の直観的経験や感情が知的能力をはじめ道徳的、技術的な諸能力を陶治すると考えられているのである。

家庭における陶治の影響力については、ペスタロッチの初期の民衆小説『リーンハルトとゲルトルート』や『クリストフとエルゼ』において論述されているが、彼の思想の総括の書である『白鳥の歌』においては「生活が陶治する」という命題として特に強調されている。彼は同書で、人間の諸能力の合自然的発展は、その最も本質的な自然において、技術からでなく、むしろ生活から表れてくると述べ、合自然的な教育の本質である「生活が陶治する」という基本原則を述べている(38)。いわば、ペスタロッチにとって「生活が陶治する」とは、彼の合自然的に発展させる基礎陶治の原点であり、その根本理念となっているのである。

ところで、生活とは、ペスタロッチによれば、陶治されるべき子どもがそのうちにある境遇や位置や関係における居間に象徴される「家庭生活の圏内」(der Kreis des hauslichen Lebens)での生の営みを意味するもので、それは人類の陶治に対して最も善き合自然的影響を与えるものなのである(39)。ペスタロッチは、家庭生活の教育的陶治力の影響について、子どもは考えたり行動する以前から愛したり信じたりするし、家庭生活の影響に刺激されて、すべての人間的な思考や行動の前提である道徳的な能力の内的本質へと高まり、子どもは家庭の生活圏内で嬰児のころから朝夕に目にする事物から直観的印象を繰り返し受けて認識の基礎を完成すると述べている[40]。なぜなら、彼によれば、それは家庭生活の中心となる居間では、子どもの眼前で人間の本性の要求を揺り動かすような直観的な対象が現出するからなのである。

このように、居間を中心とした家庭生活を子どもの本性の発展と陶冶の起点と考えるところに、「生活が陶冶する」という命題の核心がある。すなわち、「生活が陶冶する」とは「直観力の合自然的な発展」(die naturgemässe Entfaltung der Anschauungskraft)によって「生活を通じて読み考える」(durch das Leben reden und denken)[41]という教育の理念であり、生活から出発し、生活のなかで学ぶという教育原理なのである。かくして、ペスタロッチにおける「生活が陶冶する」という命題は、直観力を形成する場としての家庭生活における居間での道徳的、知的、身体的な諸能力の合自然的な陶冶を意味し、それは彼の基礎陶冶の根本思想となっているとともに、また彼の幼児教育思想の前提となっているのである。

5　評　価

これまでペスタロッチの幼児教育の思想を中心に彼の教育思想の根本原理を論究してきたが、ペスタロッチの教育史上の評価について見てみよう。まず、ドイツの教育学者H・ノールは、ペスタロッチはドイツ語圏が生んだ最も偉大な教育の天才であり、彼から教育への本当の情熱と教育学の課題を知らされると高く評価している[42]。また、旧東独(ドイツ民主共和国)における教育史の評価としては、ペスタロッチの理論的著作と実践活動は一九世紀の前半、特にドイツの進歩的な市民的教育家たちに最も持続的な影響を与えたと論じ[43]、ロバート・オウエンをはじめニーフ(Joseph Neef, 1770-1854)やスタール夫人(Germaine Staël-Necker de, 1766-1817)などの様々な国の人たちがペスタロッチの学園を訪れ、帰国後指導的な教育家となり、ペスタロッチ学派を形成したとペスタロッチの影響を評価している[44]。そして、ドイツではペスタロッチの教育思想と教育の実践活動が彼の生存中に大変な注目を喚起したと述べ、ペスタロッチに関心のあった様々な集団のもとで、偉大なスイスの教育家(ペスタロッチ……引用者註)の国民陶冶の理念と実践の市民的民主主義の要求が支配的となったと評価しているのである[45]。

さらに、ペスタロッチ主義者の教育家たちには、教育学の学問的基礎づけをしたヘルバルトや一八一八年のナポレオン(Napoléon Bonaparte,1769-1821)の占領下のベルリンで『ドイツ国民に告ぐ』を説いたドイツ理想主義の哲学者フィヒテ(Johann G. Fichte, 1762-1814)、プロイセン・ドイツの宗務・公教育局長官フンボルト(Karl W. von Humboldt, 1767-1835)と、その下でプロイセン・ドイツの国民教育制度を構想したジューフェルン(Johann W. Süvern, 1775-1829)やベルリンにペスタロッチ主義の学校を開設したプラーマン(Johann E. Plamann, 1771-1834)などが数えられ、ペスタロッチの影響力の成果を評価している(46)。また、他方でアメリカの教育学者R・ウーリッヒも、ペスタロッチの業績は、哲学者がこれまで為した教育へのすべての言及や業績よりも大きな影響を近代の教育に与えたと、高く評価しているのである(47)。

このような教育史上のペスタロッチの教育的人格や業績の評価に加えて、彼の教育史上の大きな業績の一つは、アメリカの教育史家P・モンローが述べているように、ペスタロッチの生涯の使命はあらゆる子どもの自然の権利である知的・道徳的発達を保証することで社会の改善を遂行しようとしたことにあり、家庭の雰囲気を初等教育に導入し、学校や教室を家庭化したことにあった(48)。一方で、H・ノールが言うように、ペスタロッチが求めていたのは、家庭のあらゆる生活の反映である居間における幼児の教育であって、彼は居間が幼児の教育的に最も適したものであると考えていたのである(49)。

ところで、幼児教育史上ではペスタロッチはどのように評価されているのであろうか。イギリスの教育学者R・ラスクは『幼児教育の歴史』のなかで、ペスタロッチの生涯の主な企図は、人民のための教育を通して社会の改善を遂行することにあったのであり、彼は貧民のための教育の改造を考えていたようであるが万人共通の教育計画を提起したのであって、とりわけ彼は乳幼児の教育について特別な著作(『幼児教育についての書簡』……引用者註)によって貢献したと、評価しているのである(50)。

そこで、ペスタロッチの教育史や教育思想史における評価を前提に、彼の幼児教育思想の今日的な意義について言及しておこう。まず、ペスタロッチの幼児教育の思想において忘れてはならないことは、母親の役割や態度が非常に重要であるということである。そもそも、ペスタロッチの時代には幼稚園が存在しなかったし、当時は言うまでもなく幼児の保育や教育はほとんど家庭における母親の役目であった。一般に、ペスタロッチにおいては、『リーンハルトとゲルトルート』に典型的であるように、その教育思想における母親の占める役割は非常に大きい。その点を、彼は『幼児教育についての書簡』の第二信で、次のように述べている。

すなわち、幼児の精神の発達という目的には母親が大きな手掛りであり、母親の愛ほど強い影響力や刺激的な力はなく、母親の天職は人間本性を精神的に高めることであると述べ、幼児教育においては母親が最も力のある動因であり、その根本は愛情である(51)と、ペスタロッチは述べている。それゆえ、ペスタロッチは、子どもたちに発展させるべき精神的な愛を、母親自身のうちに基礎づけなければならないと考え、そうした母性愛のために時には母親自身の楽しみや願望が諦められなければ、その子どもたちに精神的な愛をもたらすことができないと説き、母性愛を精神的に強いものとするために母親自身が精神的で高尚なことに心を開き、また忍耐と謙虚さを識らなければならないと説くのである(52)。まさに、ペスタロッチにおいては、次の世代の幸福を心掛ける者は、母親の教育をその最高の目的と考えること以外に、より好ましいものはなく、母親の教育から始めなくては教育における真の改善が期待できないのである[53]。

しかし、ペスタロッチによれば、当時の家庭の居間の生活は二〇年来良い教育が失われ、子どもにかまうことなく、ただ働くことしか知らない親たちが増え、誤った習慣が家庭生活で支配的になっていると述べている[54]。同じような状況認識は、後期の大著『我が時代と祖国の純真者、誠実者、高潔者に—時代への言葉—』(*An die Unschuld, den Ernst und den Edelmut meines Zeitalters und meines Vaterlandes, Ein Wort der Zeit*, 1815)においても表明されている。すなわち、彼によれば、居間は人間の幸福と人間陶冶の基盤であるが、文明の堕落の結果から、居間とその敬虔な精神の掠奪が横行し、人間の本性に反する「居間の掠奪」(Wohnstubenraub)が個人的、公的な生活において日々増して、あらゆる階層の妻たちは暴力的な力と狡猾な術によって、日々その母としての存在と母としての力の純粋さを引きちぎられているのである[55]。そこで、ペスタロッチは、このような居間の掠奪と、居間の掠奪から生じる母性感覚や母性力の衰弱を回復し、母親に母性の感覚と使命を覚醒して家庭生活の純粋さや力と権利を再認識させなければならないと、「深く純粋で、気高く基礎づけられた居間の力の回復」(Wiederherstellung einer tiefen, reiner und edler begründeten Wohnstubenkraft)を説くのである[56]。

このようなペスタロッチが論じている「居間の掠奪」の状況は、現代の我が国の状況とも極めて似ていて、まさにそこに彼の幼児教育思想の今日的な意義が存在する。すなわち、時代は異なっていても、ペスタロッチが提起した家庭教育と母性の役割の重要性は、先進産業国である今日の我が国の家庭教育や幼児教育への警告や指標と考えられるのである。つまり、我が国の今日の家庭は、核家族化の進行とともに共稼ぎ家庭が増大し、家庭における祖父母をはじめ親たちの不在によって居間の教育力が低下し、育児の不慣れによる育児ノイローゼや母性の欠如からくる子どもへの虐待や放置をはじめとする育児の病理現象を引き起こしている。まさに、これまで述べてきたように、ペスタロッチの幼児教育における家庭での居間の教育力や母親の役割の重要さという問題は、今日の我々にとって古くて新しい課題であると言えるのである。

註

(1) *Johann Heirich Pestalozzi Sämtliche Werke*, Bd.28, Kritische Ausgabe, begründet von A.Buchenau, E. Spranger, H. Stettbacher, Walter de Gruyter, Berlin, S.211f, S.221. ——以後 K.A., Bd. ～と略記。
(2) Max Liedtke, *Johann Heinrich Pestalozzi*, Rowohlt, Hamburg 1968, S.15.
(3) vgl. H. Morf, *Zur Biographie Pestalozzi's*, Biblio-Verlag, Osnabrück 1868, Neudruck 1966, Bd.1, S.92-S.97.
(4) K.A., Bd.1, S.31.
(5) vgl. ibid., S.54.
(6) Käte Silber, *Pestalozzi*, Quelle und Meyer, Heidelberg 1957, S.27f.
(7) K.A., Bd.1, S.186ff.

(8) K.A., Bd.28, S.232f.

(9) ドゥ・ガン著、新堀通也訳『ペスタロッチ伝—その生涯と思想—』学芸図書、一九五五年、一九六六年修正四版、一二八頁。

(10) クループスカヤ著、勝田昌二訳『国民教育と民主主義』岩波書店、一九五四年、一九六五年一三刷、七八頁。

(11) *Johann Heinrich Pestalozzi Sämtliche Briefe*, Bd.3, hrsg. Pestalozzianum und Zentralbibliothek in Zürich, Orell Füssli, Zürich 1946ff., S.288. ——以後 S.B., Bd.- と略記。

(12) パウル・ナトルプ著、乙訓稔訳『ペスタロッチ—その生涯と理念—』東信堂、二〇〇〇年、四八頁、Paul Natorp, *Pestalozzi– Sein Leben und seine Ideen*, Teubner, Leipzig 1909, S.34.

(13) K.A., Bd.1, S.124.

(14) vgl. ibid., S.121, S.129, S.123.

(15) ibid., S.127, S.125f.

(16) 長田新著『ペスタロッチー伝』下巻、岩波書店、一九五二年、四三六頁。

(17) vgl. K.A., Bd.26, S.50, S.57.

(18) ibid., S.47.

(19) ibid., S.98.

(20) ibid., S.47.

(21) ibid., S.107ff.

(22) vgl. S.105f., S.107ff.

(23) ibid., S.107.

（24）inid., S.47.
（25）ibid., S.112.
（26）前掲乙訓稔訳書、二八頁、P. Natorp, a. a. O., S.19.
（27）K.A., Bd.19, S.154f.
（28）vgl. K.A., Bd.28, S.61ff., Bd.22, S.255ff.
（29）vgl. K.A., Bd.28, S.57, S.205.
（30）vgl.K.A., Bd.1, S.266, S.271, S.269.
（31）vgl. K.A., Bd.28, S.156, S.81, S.58.
（32）ibid., S.140.
（33）vgl. K.A., Bd.13, S.6, S.19, S.25.
（34）vgl. ibid., S.23f., S.14.
（35）K.A., Bd.1, S.266.
（36）K.A., Bd.13, S.190.
（37）K.A., Bd.1, S.271.
（38）vgl. K.A., Bd.28, S.262, S.83.
（39）vgl. ibid., S.85f., S.130.
（40）ibid., S.84f.
（41）ibid., S.95, S.100.
（42）Herman Nohl, *Erziehergestalten*, Vandenhoeck und Ruprecht, Göttingen 1958, S.23f.
（43）Karl-Heintz Günther hrsg., *Geschichte der Erziehung*, Volk und Wissen, Berlin 1987, 16 Auf. 1988, S.208.

(44) (45) ibid., S.214.

(46) ibid., S.214f.

(47) Robert Ulich, *History of Educational Thought*, American Book, New York 1945, p.264.

(48) Paul Monroe, *A Text-Book in the History of Education*, Macmillan, New York 1905, p.604, p.621f.

(49) H. Nohl, a. a. 0., S.26.

(50) Robert Robertson Rusk, *A History of Infant Educatlon*, University of London Press, London 1933, 2 ed.,1951, p.31 f., p.37.

(51) vgl. K.A., Bd.26, S.47ff., S.80.

(52) vgl. ibid., S.86f., S.89.

(53) ibid., S.113.

(54) K.A., Bd.7, S.449.

(55) K.A., Bd.24 A, S.43f.

(56) vgl. ibid., S.45, S.194, S.207.

第五章　ロバート・オウエン

1　生　涯

オウエン(Robert Owen)は、一七七一年五月一四日、イギリス・ウエールズのポワィス州の北のモントゴメリーのニュータウン(Newtown)の馬具・金物商の子として生まれた。オウエンの父親は郵便局長を兼ねた教区の重要な人物で、母親は豪農出の優れた女性であり、オウエンは中流以上の堅実な家庭で、兄二人と姉と弟とともに恵まれて育った。彼は五歳で「教区学校」(parish school)に入り、九歳ころには学校で学ぶことがなくなるほど学業に優れ、また読書に励み、運動にも秀でた少年時代を送った(1)。一〇歳のとき、彼は長兄ウイリアムを頼ってロンドンに出て、父親が紹介したスタンフォードの呉服商の徒弟奉公に四年間従事した。オウエンはよく働き、また仕事の後は読書に励み、年季奉公が終わってからはロンドンやマンチェスターで綿紡績の関係の商会に勤め、一九歳のときにはすでに独立して綿糸紡績者となった(2)。

その後、オウエンは二〇歳代の若さで紡績工場の経営に携わり、成功をおさめるなかで「マンチェスター文学・哲学会」(Manchester Literary and Philosophical Society)の会員となり、マンチェスター大学の研究者たちとも懇意になって教養を磨いている(3)。一七九九年には、スコットランドの大事業家デビヴィッド・デールの娘キャロライン(Anne Caroline Dale)と結婚して二男二女に恵まれ、三〇歳代にはすでに有力な実業家となり、以後二五年の長期に亘って工場経営に携わったのである(4)。

オウエンは、一八一二年以後、工場労働者たちの労働条件の改善と一八〇二年成立の「工場法」(the Factory Acts)の改正運動に力を注ぎ(5)、スコットランド・グラスゴー近郊のニュー・ラナークの大工場の経営に際して、労働者の好ましくない家庭に置かれた子どもたちのために、一八〇九年世界最初の保育所や幼稚園に相当する「幼児学校」(infant school)を計画したが、合資関係者の反対で中止した。しかし、オウエンは一八一六年一月一日ニュー・ラナークの工場内に「新性格形成学院」(New Institution for the Formation of Character)を開設し(6)、産業革命の進展のなかで行われていた六・七歳からの児童雇用の廃止に努め、児童の教育や福祉とともに労働者とその子弟の劣悪な生活環境の改善に努力した(7)。この性格形成学院は、クループスカヤ(Nadezhda K. Krupskaya, 1869-1939)が指摘しているように、世界で「最初の保育所」(8)であり、いわば今日の保育所と幼稚園が一体となった施設であった。同学院は、夜間には青年労働者や近隣の成人住民の学習場となり(9)、今日的に言えば生涯学習の場であり、継続教育の施設であった。

また、一八一六年、オウエンは労働者たちの生活向上のために、生活消費物資の協同購入組織として協同組合を創設している(10)。そして、一八二四年一二月にはアメリカ合衆国に渡り、翌年四月インディアナ州に理想の共同体ニュー・ハーモニー(New Harmony)を建設し、一八二八年六月まで当地に留まったが、その運営を二人の息子に委ねてイギリスに帰った。一八三〇年以後、六〇歳代になったオウエンは、人類の至福を説く合理的な宗教的・道徳的なオウエン主義運動の指導者として活動し、七〇歳を過ぎて渡米して共同体を視察したり、八〇歳を超えてもオウエン主義の普及の雑誌を発行し、八六歳の時には第一回の「社会科学協会」の大会に出席して「刑罰なき人類の統治」(The Human Race Governed without Punishment)という演説をしたりした。その翌年の一八五八年一一月一七日、オウエンは八七歳で郷里の北ウエールズのニュータウンにおいて家族に看取られながら安らかに没した(11)。

2　教育思想の基底

オウエンの教育思想と活動は主著『新社会観―性格形成論―』(*A New View of Society, Essays on the*

Formation of Character, 1813 ― 以後教育論として考察するので『性格形成論』と略記)と、『ロバート・オウエン自伝』(*The Life of Robert Owen written by himself*, 1857/8)から窺うことができる。『性格形成論』は、四篇の論文からなり、第一論文と第二論文は一八一二年末に出版され、第三論文と第四論文は一八一三年初頭に出版されている[12]。同書は、第一論文の序文に記されているように、下院議員ウィルバーフォース(William Wilberforce, 1759-1833)に献辞したものであり、オウエンが長く温めてきた新しい社会の人間形成の原理と実践案を、イギリスにおける奴隷解放の運動家であったウィルバーフォース議員を通じて立法化に向けて提案した論考である。また、第二論文の献辞はイギリス国民すべてに宛てられていて、同論の新しい社会観は人類の害悪を徐々に取り除き、同胞の幸福を確固とする原理であることが述べられている。そして、一八一六年の第二版の献辞は、後に国王ジョージ四世(George IV, 1762-1830)となった摂政皇太子に宛てたものであり、オウエンは彼の論文の主旨が立法上の制度として強力に推進されるならば、悲惨な状態にある下層民と国の利益になると進言し、公平で徹底的な調査検討のもとに、彼の説を施策として推進することを皇太子に建白しているのである。

オウエンの『性格形成論』の目的は、イギリス社会の福祉の促進と支援にあり、社会福祉政策として立法上の議論を喚起することにあった。彼によれば、当時のイギリスの社会状況は、人口の四分の三の一五〇〇万人が労働者であり、労働者階級の教育の無い者が悲惨な悪い環境のもとで犯罪者として処罰され、その矯正の有効な処置が叫ばれていたのに放置されていたのである[13]。

オウエンは、『性格形成論』の出版後に、当時すでに問題にされていた「工場法」に関する論考「工場制度の影響についての所見」(*Observations on the Effect of the Manufacturing System*, 1815)や、「工場における児童雇用について」(*On the Employment of Children in Manufactories*, 1818)において、産業革命下の労働条件の過酷さや労働者の生活の実態を次のように述べている。すなわち、紡績機械の完成により、イギリスは一七六〇年代に世界で最初に産業革命を達成したが、その後の三〇年ないし四〇年にわたる発展のなかで金儲けの経営主義が蔓延し、工場労働者は「成人の男女だけでなく、幼い子どもまでが、一日一四時間から一五時間も不健康な業務に従事することを強制されていた」[14]。また、彼によれば、まさに産業革命の機械の導入は「大多数の人々の家庭の習慣を乱した。それは、人々が訓育を身につけたり、道理をわきまえた娯楽を楽しむ時間を奪ってしまった」[15]のである。実に、オウエンにとっては、当時のイギリスの労働者たちは、「封建制度下の農奴や召使よりも、また古代のどの国の奴隷よりも、幸いに恵まれない環境に置かれていた」[16]と映ったのである。

一方、子どもの置かれた状態も同じであって、オウエンによれば、三〇年前では、極貧の親も子どもに仕事を始めさせるのは戸外での遊びや運動で身体の基礎ができる一四歳からとしていたのに、産業革命の進展のなかで工場地区の子どもは男女とも、七・八歳のころから夏冬通じて朝六時から夜八時まで働かされていたのである[17]。このような当時の労働条件に対し、オウエンは、強健な大人でも通常の労働時間は食事と休憩時間を入れた一二時間とし、一〇歳未満の子どもの就業禁止と一二歳までの子どもには六時間以上働かせてはならないこと、また一〇歳を過ぎても男女とも子どもたちが読み書きや四則計算ができ、女子では普段着が縫えるようになるまで、工場での就業は認めてはならないと論じ、早すぎる年齢の子どもたちに労働を強いるのは、子どもたちの成長を遅らせ、身心の病を発生させる環境に彼らを投げ入れることであると論じたのである(18)。

また、オウエンによれば、早くから働かされる子どもたちは、普通の学校教育の基礎を身に付けることができないばかりか、有害な影響に染まり易く、その将来を犠牲にしかねなかったのである(19)。したがって、オウエンは、労働者の子どもたちには彼ら自身と社会にとって有益な教育が受けられる環境が必要であり、児童雇用という不当な労働や苦役を禁止し、次の世代に適正な習慣の形成を進めるべきであると考えたのである(20)。まさに、オウエンは、政府の裁可のもとに無知や悪徳を除去するような、貧しい下級階層の子どもの歩むべき道をしっかり教える国民教育制度の実施を願ったのである(21)。

オウエンの『性格形成論』の意図は、国のすべての為政者がその国民の教育と性格形成のために合理的な計画を立てることを提示し、特にイギリスにおける貧しくて教育を受けられないすべての国民のための教育の改革にあり、国や社会が放置している幼いころの悪い習慣を増幅させる環境を取り除くことにあった。オウエンの新しい学院は、それまであまり配慮されなかった工場労働者たちのために、彼らの食や住をはじめとする家庭的な習慣を示し、その子どもたちを社会の有益な構成員として形成することにあったのである[22]。このように、オウエンにおいては、産業革命期の無知ゆえに搾取され、悲惨な状態にあった工場労働者たちと、彼らの子どもたちの救済という大きな社会改革の思想が基底にあり、そのための教育が彼の幼児の教育や保育の思想と実践の基底となっているのである。

3　人間観と児童観

オウエンにおける幼児の教育と保育を考えるにあたって、まず彼の児童観が問題となるが、その前提として彼の人間観を見てみよう。オウエンによれば、人間は生まれながらに生命の維持や繁殖と幸福を享受したいという欲求を持つ動物的・自然的存在であり、その自然的性向は知的能力を成長とともに習得して成熟するものであって、またその性向や能力は周囲の事物と先輩の手本や教えに由来するものなのである[23]。このオウエンの人間観には、人間は生まれながらに幸福を求め、知識を習得するという性善的な人間観が見られ、また彼の自伝のなかでも持論として述べているように、「『我々人類の各々の性格は』、神ないし自然と社会によって形成されている」[24]と、人間の性格が素質と社会環境から形作られるという素質と環境の相即論が窺えるのである。

また、オウエンは、人間は無知から知性へと限りなく進歩せざるを得ないように造られた存在であり、人間の本性は例外なくすべて柔軟性を有するもので、賢明な訓練により世界のどの階級の幼児たちも他の階級のひとかどの人間に形成できると述べている[25]。そして、オウエンは、「人間は本質的に、彼の置かれた環境や境遇の被造物である」(man was essentially the creature of the circumstances or conditions)[26]と述べていることから、オウエンの人間観においては、性善的な素質論とともに後天的な環境論がむしろ強調されていると言えるのである。まさに、オウエンはその自伝において、「私自身の経験と省察によれば、……人間の本性は根源的に善であり、可能な限り訓練され、教育され得るものであって、すべてが誕生から究極的に……善良で賢く価値があって、健康で幸福にならなくてはならないように位置づけられている」[27]と論じている。

オウエンにおいては、人間の性格とは、各自の生まれながらに有する心身の傾向と能力が、その置かれた環境との結びつきによって構成されたものであると定義され、人間の本性は万人の利益と幸福のためとなる性格に改善し、形成できると考えられているのである[28]。彼によれば、これまでの歴史的社会における宗教や法制度は、個人がすべて自分の性格を思いのままに形成することを前提としてきたが、オウエンの経験的事実によればそれは誤りであり、性格は個人によって形成されるのでなく、習慣や情操により形成されるのであって[29]、子どもの性格における善や悪の多くが早い時期の生活で方向づけられたり、あるいは獲得されるのである[30]。したがって、オウエンにおいては「子どもたちは、どのような情操や習慣も正しく教えられるし……どのような性格も獲得できるように訓練される」[31]のである。

このような性格形成における後天的な環境を優位とするオウエンの人間観は、また彼の児童観を規定している。すなわち、オウエンによれば、子どもたちは例外なく受容性があり、驚くほど多様性を有する複合体であって、彼らは彼らの両親と教師たちの習慣と情操に印象づけられ、どのような所でも無限にその環境と特定の組織に影響を受けることから、子どもたちは彼らのうちに形成された習慣や情操について何の責任も負えない存在なのである[32]。以上のように、オウエンにおける児童観は、子どもが無助的な存在であり、それゆえ要保護的・要教育的存在として捉えられているのである。

先にも述べたように、オウエンの生きたイギリス産業革命期の児童雇用の状況は、まだ法律の規制が無かったことから、子どもたちが六歳から夏冬を問わず、一四時間ないし一五時間も細かい繊維の塵が飛散する高温多湿の紡績工場で働かされるという状態にあった。そうした状態が子どもたちの心身に著しく有害であることを、工場主として長い経験から知っていたオウエンは、子どもの代弁者として下院の工場法委員会で法案賛成の証人として、一二歳以下の児童雇用の禁止や一〇時間労働と教育の必要を主張したのである。しかし、法案は、反対者への譲歩により、骨抜きにされてしまったのである[33]。まさに、そのような状況が、子どもの保護と教育のための施設として、性格形成学院をオウエンに開設させることになったと言えるのである。

4　性格形成学院―幼児学校―の目的と実際

性格形成学院は一八一六年一月一日に開設されたのであるが、その計画はすでに一八〇九年からあった。オウエンの自伝によれば、彼は一八〇九年に次世代の住民の新しい性格を形成するために、幼児学校の基盤を明確にし始めたが、その計画は工場の共同経営者の反対で一八一六年の初頭まで実現に移すことを妨げられたと述べている(34)。しかし、彼の性格形成学院設立の目的は、一八一三年の主著『性格形成論』と、彼が一八一六年一月一日の性格形成学院の開設式に行った住民への講演に述べられている。

オウエンによれば、学院の目的は住民の永続的な利益となる効果を生み出すことであり、村全体の外的な性格と同様に内的性格の改善にあって(35)、「貧しい労働者階級が幼児の時にさらされた主要な悪を防止し、できる限り排除すること」(36)である。すなわち、彼の性格形成学院の設立目的は、ニュー・ラナークの工場を中心とした共同社会の環境の改革とともに、そこで働く労働者階級の習慣や情操の改善にあり、また外的環境の改革によって住民や子どもたちの性格を改善するための教育にあったのであって、特に彼は「常に考え、また調和して理性的に行動するように、身体的、精神的に十分形成された男女」(Full-formed men and women, physically and mentally, who would always think and act consistently and rationally.)[37]を性格形成の目標としていたのである。

性格形成学院は、歩けるようになる一歳から六歳までの子どもたちの保育園や幼稚園に相当する課程と、小学校に該当する六歳以上から一〇歳までの子どもたちのための課程があり、特に前者の課程は四歳を前後とする年少と年長の二つのクラスによって構成されていた。また、冬期の夜間には、昼間に工場で働いた一〇歳以上の子どもたちと青年たちが、二人の正規の教師から二時間にわたって読み書きや計算、裁縫や編み物を教わり、また彼らが学びたいと希望する学科の継続教育が行われていたのである[38]。

性格形成学院の設備としては、一階中央には約三〇平方メートルの広さの遊戯室と、その左右に二つの幼児教育のための部室があり、二階には約七二平方メートルの広さの講堂と学習室があって、建物前面には柵に囲まれた幼児たちの遊び場と、五歳から一〇歳までの子どもたちの体育と集合や集団訓練のための運動場があった。一階の遊戯室は六歳までの子どもたちのために使われ、両隣りの二つの学習室では四歳位に成長した子どもたちに一般的な学習の初歩が教えられていた。二階の部屋では、六歳以上の子どもたちが一一歳になるまで、年齢相応の読み書きと計算や裁縫と編み物が教えられ、また冬の夜間には二階の部屋は一〇歳以上の若者たちの学習の場として使用され、一階の部屋は近隣の大人たちのための学習の場としても使われていたのである[39]。

ところで、幼児学校における保育内容・教育内容として、一般的な学習に至る前の幼児には、特に身体を強健にするために、天気の良い日はできる限り戸外での活動や体育が奨励されていた。子どもたちは、二歳になるとダンスが、四歳以上になると心の安らかさを作りだすために声楽や楽器の演奏が優れた教師によって教授された。そして、団体での規律や従順さを学ぶために、合唱の練習や軍楽隊の行進が昼間の課程の終わる一二歳まで、男の子にも女の子にも課されていた[40]。また、地図を使った地理も四歳位から教授され、夏期には子どもたちは何人かの先生に連れられて、隣の村や田舎に出かけて行き、自然や人が造った事物を実際に見て知識を獲得する、いわゆる理科や社会に関する実地見学が幾度も行われていたのである[41]。

一方、このような保育内容や教育内容の教授法には、合唱や楽隊などの練習に見られるように、集団保育や集団教育の方法が採られ、教授法は子どもたちが具体的に認知できるような絵や模型や実物が教材として用いられ、彼らにとって分かりやすく興味を持つような方法が採用されていた。また、学院の子どもたちの訓育においては、懲罰やそれによる恐怖感が、全く見られなかったのである[42]。

オウエンは、当時ベル (Andrew Bell, 1753-1832) やランカスター (Joseph Lancaster, 1778-1838) の学校で奨励されていた読み書きによる暗記学習については批判的であった。オウエンによれば、読み書きは知識を伝達する手段にすぎず、子どもたちに必要なのはそれらを正しく使う方法であり、真実を見出す方法を学ぶことが教えられるべきなのである(43)。まさに、彼は「子どもたちは書物によって悩まされるべきではない。彼らの周囲のありふれた事物の本質や特質が教えられるべきである」(The children were not to be annoyed with books ; but were to be taught the uses and nature or qualities of the common things around them, ...)(44)と述べている。このようなオウエンの教授や教育思想は、教育の方法原理としては実物教授や直観教授の原理であり、いわゆる近代教育の児童中心主義の思想であって、オウエンは子どもの発見者と言われるルソーの系統に属し、同時代のペスタロッチやフレーベルと並ぶ近代の教育思想の実践者であったと言えるのである。

5　評価

オウエンは、思想史ないし社会思想史上ではサン・シモン(Claude H. de Saint-Simon, 1760-1825)やフーリエ(Charles F. M. Fourier, 1772-1837)と並ぶ空想社会主義者として挙げられ、特にイギリス産業革命期における労働者階級の子弟のために幼児学校を創設し、民衆教育の改善を行った人道的教育家として評価されている。その功績は、イギリスやアメリカでは評価されているが、ドイツの教育学研究では旧東独(ドイツ民主共和国)の教育史上では別として、ほとんど取り扱われていない。旧東独の教育史におけるオウエンの評価は、空想社会主義者として教授・学習と生産労働の結合というオウエンの考察が特に意味深いものであり、空想的な特質を包含していたけれども後の社会主義教育学の発展のために本質的な特質を包含していたと評価され、また現代の共産主義教育の全面的な目標設定の淵源はオウエンにあると評価されている(45)。

これに対し、アメリカの教育史家P・モンローは、オウエンの教育を社会の存続と発展の活動とみなし、教育が社会改善の最良の方法であると考える社会的な教育思想として捉え、「幼児学校運動」(The Infant School Movement)の一つとして取り上げている(46)。モンローによれば、オウエンは工場制度の児童への悪影響を防止するために幼児学校を始めたのであり、オウエンの幼児学校は同校で教師をしていたブカナン(James Buchanan, 1784-1857)によりロンドンで広められ、ウィルダースピン(Samuel Wilderspin, 1792-1866)によってイギリスやアメリカ合衆国で制度化されたと論じている(47)。ウィルダースピンはイギリスにおける幼児学校の創始者であるかのように振る舞ったが、イギリスにおける幼児学校の創始者はオウエンであり、いわばウィルダースピンは幼児学校の普及において役割りを果たした人物であった(48)。このようなオウエンに対する評価は、彼の教育思想が社会改革としての教育にあり、また彼がイギリスのみならず世界の教育史上で幼児教育の機関としていち早く幼児学校を組織した点にあると言える。

そこで、オウエンの幼児教育思想を要約すると、まずその特質は、人間の持って生まれた性向以上に、性格形成における環境の影響の大きさと、環境の改善による性格形成の可能性を確信していたということにある。この思想の背景には、イギリス産業革命期の労働者階級の状態の改善や、残酷であった五・六歳の児童の工場労働を廃止するというオウエンの理想主義があったのである。そのことが、まさにオウエンの「社会＝教育思想は、性格形成論にもとづく社会改造であり、社会改造による性格形成論であった」(49)と論評される由縁なのである。

また、このようなオウエンの社会環境を重視する教育思想を、グラスゴー大学の教授であったR・ラスクは、その著『幼児教育の歴史』において、「教育万能主義」(the doctrine of the unlimited power of education)(50)と解釈している。しかし、そのようなオウエンの解釈は、オウエンの論著をよく読めば、オウエンが性格形成や人間形成の論述の際に、人間の本性や持って生まれた傾向という素質についても言及をしているのであって、その点を捨象したラスクの解釈は、オウエンの社会理論の社会改革主義を前提に環境を過大視するという解釈に陥っていると言えるのである。だが、ラスクは、オウエンの幼児教育への貢献について、オウエンが今日の保育学校を一世紀も先取りし、貧しい子どもを教育するという理念を考案し、施設や教師を整備したと高く評価しているのである(51)。

次に、日本の教育史上の評価を見てみると、まずオウエンの教育思想は「産業革命期の人道主義的教育観を代表するもの」(52)と捉えられ、「温情主義精神によって、労働者の保護とその教育施設の充実に努力」(53)したと論評されている。また、彼の教育思想の実践である性格形成学院は、「国民教育制度樹立のための一実験学校あるいは一先導的試行ともいうべきものであった」(54)と評価されている。特に、オウエンの性格形成学院は、「保育学校の先駆となる成果を収めた」(55)と言えるし、「今日の英国の幼児学校とともに保育学校の先駆をもみることができる」(56)のであって、また幼児教育の重要性やその社会的関心を高め、幼児教育の質的水準を高めたと評価できるのである(57)。

以上のように、オウエンの教育史上の評価は、第一に「国民教育制度の具体案」(58)と評されているように、イギリスの教育史で重要な役割を果たし、同国の初等教育の先駆的な役割を果たしたのであって、実際「イギリスに公立初等学校制度が樹立すると、**Infant School** は、その正規の一部門として採用され、爾来、今日に至っている」(59)のである。また、第二には、オウエンの幼児学校は、産業革命下の貧困と無知に陥った労働者階級の子弟を無知から解放し、両親には労働に就かせ、子どもたちには人間性を調和的に発展させたのであって(60)、まさに庶民階級の幼児教育の質的水準を飛躍的に向上させ、幼児教育を近代的に転移させる起動力になったのである(61)。

ところで、教育史上では幼稚園の創設者は、一八三七年設立の教育所を改称して、一八四〇年にドイツのチューリンゲン近郊のブランケンブルクに「**Kindergarten**」(子どもたちの庭・幼稚園)を設立したフレーベルとされているが、オウエンの幼児学校は「フレーベルの幼稚園設置に先立つこと四半世紀」(62)であり、幼稚園という名称ではないが、内容においては幼児教育を行っていたのであって、その点が教育史において明記されてよいであろう。ともすれば、幼稚園と言えばフレーベルが有名であるため、まずフレーベルということになるが、オウエンの幼児学校における幼児教育の功績を忘れてはならないのである。

また、オウエンは、一八一八年の欧州大陸旅行で、ジュネーヴのオベルリン(Johann F. Oberlin, 1740-1826)の指導下にあった貧民学校を見学したり、またホーフヴィルのフェレンベルク(Philipp E. Fellenberg, 1771-1848)の学校を見学した後、さらにイヴェルドンのペスタロッチの学校を訪問している(63)。オウエンは、ペスタロッチがひどい方言で話すので、意志疎通が十分できなかったと述べながらも、老人ペスタロッチの誠実で素朴な心情の良さに大変満足したと述べている。そして、オウエンは、ペスタロッチが語った生徒の心と頭と手を訓練する理論は納得できたが、その手段や方法は限られたものであり、ペスタロッチの学校が旧来の貧民学校を一歩進め、貧民のための職業を教えずに普通教育の初歩を教えていたので、当時の通常の旧式な学校より一歩進んでいたので満足したと書いている(64)。このペスタロッチのイヴェルドンの学園には、幼稚園の創設者フレーベルも一八〇八年から一八一〇年まで滞在し、ペスタロッチの教育を見聞し、教育経験を積んだのであって、世界の幼児教育に新天地を開いたフレーベルとオウエンの二人がペスタロッチのもとを訪れていたことは、近代の幼児教育史における興味深い出来事と言えるのである。

オウエンの幼児教育思想は、教育史的には様々に評価できるが、オウエンの業績は特にその幼児学校の実践にあり、彼のニュー・ラナークにおける幼児学校の事業はイギリスのみならず、世界の教育の歴史において幼児教育を組織的な学校としていち早く設立した点にあると言える。とりわけ、幼児学校はこれまで論じてきたように、一歳から三歳までの第一課程はいわゆる保育所であり、また四歳から六歳までの第二課程は幼稚園であって、特にこれまでのオウエン研究で語られなかったことであるが、それは幼稚園と保育園が統合されたいわゆる「幼保一元化」(65)の施設であったと言えるのである。すなわち、オウエンの幼児学校は、幼児の保育機能と教育機能を三歳という年齢で二つの課程に分けているが、同一施設のうちで両機能の継続性を持たせ、保育所と幼稚園を階梯的に一本化していたのであって、まさに「幼保一元化」の淵源と考えられるのである。

また、オウエンの性格形成学院が、幼児学校のほかに六歳から一〇歳までの(工場法案の施行後は一二歳までの)小学校に相当する昼間の学校、そして一〇歳(工場法案施行後は同じく一二歳)以上の子どもやそれ以上の年齢の青年男女の継続教育としての夜間学校と、さらに近隣の成人のための学習の場を備えていたことは、今日からみても極めて斬新な教育施設であり、やはりこれまでのオウエンの教育研究で指摘されなかったことであるが、その教育活動は生涯教育の先駆とも言えるのである。

註

(1) Robert Owen, *The Life of Robert Owen written by himself*, vol.1, Effingham Wilson, London 1857, Augustus M. Kelley, New York 1967 rpt. P.1-ff. —以後 The Life of R.Owen と略記。

（2）cf. ibid., p.11ff., p.32.
（3）cf. ibid., p.35ff.
（4）cf. ibid., p.45, p.54ff.
（5）cf. ibild., p.114, p.120, p.126.
（6）cf. ibid., p.85ff., Paul Monroe, *A Text-Book in the History of Education*, Macmillan, New York 1905, pp.726f.
（7）cf. *The Life of Robert Owen*, p.85, p.118, p.135.
（8）クループスカヤ著、勝田昌二訳『国民教育と民主主義』岩波書店、一九五四年、一九六五年一三刷、七〇頁。
（9）Robert Owen, *A New View of Society and Other Writings*, J. M. Dent and Sons, London 1927, rpt. 1963, p.99f. ―以後 *A New View of Society* と略記。
（10）vgl. *The Life of Robert Owen*., p.63, p.135.
（11）宮瀬睦夫著『ロバート・オウエン―人と思想―』誠信書房、一九六二年、一二四頁～一二五頁、一三五頁～一四〇頁参照。
（12）*The Life of Robert Owen*, p.94, p107.
（13）*A New View of Society*, p.14f.
（14）ibid, p.134.
（15）ibid, p.127.
（16）ibid, p.132.
（17）ibid, p.122f.
（18）ibid, p.124f.

(19) ibid, p.126.
(20) ibid, p.137, p139.
(21) ibid, p.129.
(22) ibid, p.39f.
(23) ibid, p.54f.
(24) *The Life of R.Owen*, p.58.
(25) *A New View of Society*, p.17f., p.72.
(26) *The Life of R.Owen*, p.107.
(27) ibid, p.131.
(28) *A New View of Society*, p.128.
(29) ibid, p.109.
(30) cf. ibid, p.40.
(31) ibid, p.70.
(32) ibid, p.22.
(33) cf. *The Life of R.Owen*, p.116f., p.120f.
(34) ibid, pp.85.
(35) *A New View of Society*, p.98.
(36) ibid, p.40.
(37) *The Life of R.Owen*, p.134.
(38) *A New View of Society*, p.98f.

(39) *A New View of Society*, p.98f., p.41f., *The Life of R.Owen*, p.140.
(40) *The Life of R.Owen*, p.141f., p.144.
(41) *The Life of R.Owen*, p.144, *A New View of Society*, p.99.
(42) *The Life of R.Owen*, p.135.
(43) *A New View of Society*, p.74f.
(44) *The Life of R.Owen*, p.140.
(45) Karl-Heintz Günther hrsg., *Geschichte der Erziehung*, Volk und Wissen, Berlin 1987, 16 Auf. 1988, S.313, S.316.
(46) (47) pp., Monroe, p.726f.
(48) 岩崎次男著「近代的幼児教育施設の誕生」、梅根悟監修、世界教育史研究会編『世界教育史大系二一―幼児教育史 一』(講談社、一九七四年)所収、八八頁。尚、ウィルダースピンによって制度化された幼児学校は、オウエンの思想や精神を十分に継承せず、単なる早教育や監護の施設に変質されたと言われる(長尾十三二著『西洋教育史』東京大学出版会、一九七八年、一九九四年二版二刷、三二〇頁)。
(49) 森戸辰男著『オウエン、モリス』大教育家文庫 二一、岩波書店、一九三八年、一九八四年復刻、三二頁。
(50) Robert Robertson Rusk, *A History of Infant Education*, University of London Press, London 1933, 2 ed.,1951, p. 128.
(51) ibid, p.134.
(52) 前掲『西洋教育史』、三二〇頁。
(53) 石山脩平著『西洋近代教育史』有斐閣、一九五三年、一九五七年二刷、三六一頁〜三六二頁。
(54) 前掲『世界教育史大系』九二頁。
(55) 川崎源編著『西洋教育史』ミネルヴァ書房、一九七九年、一九八八年五刷、一三五頁。

(56)前掲『世界教育史大系』、一〇五頁。
(57)尾形利雄著「産業革命と教育」、江藤恭二、木下法也、渡部晶編著『西洋近代教育史』(学文社、一九七九年、一九九〇年六版)所収、一六六頁～一六七頁。
(58)梅根悟著『西洋教育思想史 三』誠文堂新光社、一九六九年、二三七頁。
(59)尾形利雄著『産業革命期におけるイギリス民衆児童教育の研究』校倉書房、一九六四年、三七三頁。
(60)芝野庄太郎著『ロバート・オーエンの教育思想 ―その教育史的意義―』私家版、出版年不明、四〇一頁～四〇二頁。
(61)前掲『産業革命期におけるイギリス民衆児童教育の研究』、三七二頁～三七三頁。
(62)山根祥雄著「オウエンの幼児教育思想と幼児学校」、荘司雅子編『幼児教育の源流』(明治図書、一九七六年)所収、一〇一頁。
(63)*The Life of R. Owen*, p.174f.
(64)ibid, p.177.
(65)我が国の幼保一元化論の起こりは大正年間にあり、一九二六(大正一五)年に公布された「幼稚園令」は、幼稚園に託児所の機能を持たせ、幼保一元化を目指した。大正期の幼保一元化論の特徴は、保護者の経済的な貧富(豊かな者は幼稚園、貧しい者は託児所)で区別する保育の在り方を是正するものであったが、実現されず有名無実に終わった(村山貞雄、岡田正章編著『保育原理』学文社、一九七〇年、一九九一年四版、一二二頁参照)。幼保一元化論は、一九六三(昭和三八)年以来も度々論議され、幼稚園と保育所は幼児教育の機能においては共通であるが、それぞれ目的や社会的使命において異なるとされ、それぞれの弾力的運営や保育所の内容の充実によって対処するとして、今日に至っている(前掲書一二三頁、丸尾護、八木義雄、秋川陽一編『保育原理』福村出版、一九九七年、一〇七頁参照)。

第六章　フリードリヒ・ヴィルヘルム・フレーベル

1　生　涯

フレーベル(Friedrich Wilhelm August Fröbel)は、一七八二年四月二一日、中部ドイツのチューリンゲンの森に近いオーベルヴァイスバッハ(Oberweissbach)で、ルター派牧師の末子として六番目に生まれた。フレーベルは、誕生の九ヶ月後に母親を亡くし、牧師の父親が教会設立や司牧の仕事に忙しかったこともあって、召使いや年長の兄たちに養育された(1)。フレーベルが四歳のとき父親が再婚し、異母兄弟が生まれたこともあって、フレーベルは一〇歳のころ生家のあるオーベルヴァイスバッハからそれほど遠くないシュタット・イルムの、母方の伯父である教区監督官のホフマン牧師に引き取られた。フレーベルは伯父の家で少年期を過ごし、成人となるためのキリスト教の儀式である

「堅信礼」(confirmatio)のころに父親の家に戻った。彼は、将来の進路決定を余儀なくされたが、義母の考えから三人の兄たちのように大学教育を受けるに値しないとみなされ、戸外での仕事をしたいという彼の希望で一五歳から二年間「林業見習い」(Forstlehrling)をすることになった(2)。

フレーベルは、測量や幾何と森林に関することを学ぶとともに、植物学に興味を見出した。彼は、徒弟期間が終わった後、イエナ大学の学生であった兄のトラウゴットと一緒に住む許しを父親から得て、大学で植物学をはじめ自然科学の講義を受講することになった(3)。しかし、三学期の終わりに、フレーベルは自分の学資を兄のために用立てたが返してもらえず、寮費や食事代が払えず借金を重ねることになってしまった。その結果、フレーベルは負債が返せなかったので九週間もイエナ大学の監禁牢に留置されたが、結局彼が先行き父親の遺産を相続する権利を放棄することで父親が借金の返済をし、フレーベルは釈放されたのである。フレーベルは、やむを得ず大学を止めて実家に戻って短期間滞在したが、父親の死去を機会に家を出て、その後四年間ドイツのあちこちで森林局書記や測量技師をしたり、また秘書や会計係などの職を転々とした(4)。

一八〇五年、伯父ホウマンが、フレーベルに遺産を残して死んだので、彼は伯父の遺産を受け取り、その年の春に建築学を研究するためにフランクフルトへ行った。彼は、職探しをするなかでペスタロッチの信奉者であったフランクフルト「模範学校」(Musterschule)の校長グルーナー(Gottlieb A. Gruner, 1778-1844)と懇意になった。グルーナーは、フレーベルが教育の仕事に適していることを見抜き、彼に教師になることを勧めたので、フレーベルはフランクフルト模範学校の教師になった[5]。フレーベルによれば、フランクフルト模範学校の「教育と教授の合い言葉は、そのころはペスタロッチであった」(Das Losungswort der Erziehung und des Unterrichts war damals Pestalozzi.)[6]。フレーベルは、ペスタロッチのことをすでに少年時代に聞き知っていて、「私は(フレーベル……引用者註)、ペスタロッチに関する、あれこれすべてに強い感動を受けた」[7]と書いている。そうした想いから、彼はペスタロッチの活動を見るために、一八〇五年八月の休暇の間ペスタロッチのイヴェルドンの学園を訪問したのである。

フレーベルは、イヴェルドンでペスタロッチに親切に迎えられ、四〇日ほどの滞在の間、当時世界的にも知られたペスタロッチの学園の教育を感動して見学し、さらに次の訪問を決心してイヴェルドンを去った。フランクフルトに戻ったフレーベルは、グルーナーのもとで二年間ペスタロッチの教育法で算数と国語、地理と図画を教えて評価を得た。しかし、彼は学校組織の形式主義を嫌い、代わりの職としてフランクフルトの貴族ホルツハウゼン家の三人の息子の家庭教師となった。

一八〇八年、フレーベルは二年間家庭教師をした三人の生徒たちを、さらに十分教育するためにペスタロッチのイヴェルドンの学園に連れて行った。ペスタロッチの学園で「同時に、教師と生徒、教育者と弟子」[8]であったフレーベルは、学園に滞在した二年の間ペスタロッチの教育法を知ることに努めた。その全体的な印象を、フレーベルはイヴェルドンでは感動的で素晴らしく、また生涯の決定的な時期を過ごしたと述べているが、しかし滞在の期間が終わるころに、イヴェルドンの授業には「外的な多面性や形成性」(äussere Allseitigkeit und Ausgebildetheit)と同様に、「内的な統一性と必然性」(innere Einheit und Notwendigkeit)が欠けていることが明らかになったと述べている(9)。

一八一〇年、フレーベルは、三人の生徒たちとともに二年間過ごしたペスタロッチのイヴェルドンの学園からフランクフルトに戻り、契約義務期間の終了した一八一一年七月、教育者としての研鑽のために直ちにゲッチンゲン大学に入学し、人間教育の手段としての言語研究と自然科学の知識の習得に没頭した。一八一二年一〇月、彼は地質学と鉱物学や結晶学の研究をさらに続けるためにベルリン大学に移り、ベルリンでは生計のために「大変話題になっている私立の学園」(vielgenannte Privat-Erziehungsanstalt)(10)で教鞭をとった。

翌年の一八一三年、フレーベルは、ナポレオン・ボナパルトのプロイセン占領に対する解放戦争のために、ブレスラウで組織された義勇軍「リュッツオー義勇軍」(Lützows Freikorps)に志願し、従軍中に志願兵のベルリン大学神学生のランゲタール(Heinrich Langethal, 1792-1879)とミッデンドルフ(Wilhelm Middendorf, 1793-1853)と親しくなった(11)。二人は、従軍生活でフレーベルと議論をするなかで、フレーベルの教育計画に興味を抱き、後にフレーベルの教育事業を助けることになった。

一八一四年七月、フレーベルは普仏戦争の終戦とともに除隊してベルリンに帰還し、八月ベルリン大学の鉱物博物館の助手になった。その二年後の一八一六年、フレーベルはグリースハイム

(Griesheim)に開設した「普遍的ドイツ学園」(Die Allgemeine Deutsche Erziehungsanstalt)で最初に教育事業を手掛けた[12]。翌年、学園はカイルハウ(Keilhau)に移されるが、以後一四年間教育活動を続けた。その間の一八二六年、フレーベルは主著『人間の教育』(*Die Menschenerziehung*)を公表し、同年さらに家庭教育の週刊誌を編集して出版し、彼の教育思想の普及に努めた[13]。彼は、一八三一年から三年間スイスに滞在して学園を開設したりする[14]が、一八三六年にカイルハウに戻り、翌年一月にカイルハウの近くのバート・ブランケンブルク(Bad-Blankenburg)に移り住み、幼稚園の前身の施設を開設し、一八四〇年に世界で最初となる幼稚園を創設した[15]。

その後、彼は幼稚園教育を普及するための雑誌を発刊したり、同様にドイツ各地で幼稚園教育の普及のための講演をしながら成果を得たが、一八五一年の夏プロイセン政府からフレーベルの甥の著作が社会主義と無神論に基づいているという理由で、幼稚園の禁止令が布告された。そうした苦境のなかで、フレーベルは支援者とともに禁止令の撤廃の運動をしたが病床に伏すところとなり、翌一八五二年六月二一日、マインゲンのマリーエンタール(Marienthal)で七〇歳で没した[16]。

2　教育事業と幼稚園の創設

フレーベルが教育事業を開始するのは一八一六年からであり、彼は一八一五年にストックホルムの鉱物学の研究職の申し出を断り、また翌年の一八一六年にベルリン大学の助手職も辞した。それは、一八一三年にグリースハイムの牧師であった兄のクリストフが夫人と三人の息子たちを残して没し、未亡人がフレーベルに子どもたちの訓育の助けを求めてきたからである。フレーベルは、自分の考えに従ってグリースハイムで彼らの教育を行うことを決心した。彼は、グリースハイムへ帰る途中オスターオーデに寄り道をし、紡績業者であった兄のクリスチャンの六歳と八歳の二人の息子もグリースハイムに連れて行くことになり、グリースハイムの亡兄の牧師館を「普遍的ドイツ学園」と命名し、教師は彼一人、生徒は五人の甥たちで、教育の活動を始めたのである(17)。

一八一七年四月、友人ミッデンドルフが一一歳のランゲタールの弟を連れて来て合流し、数ヶ月後にはまたランゲタール自身もやって来た。その間、生徒が数人加わり、一二人に増えた。しばらくして、牧師館の住人の義姉が父親の死により家族をカイルハウに移すこととしたため、学園はカイルハウから数マイル離れた村の農場に移され、翌年の一八一八年にフレーベルは義姉から学園のある農場を譲られた(18)。

一八一八年に、協力者のミッデンドルフの父親が死去し、彼は父親からの相続遺産のすべてを何の躊躇もなく学園の資金として提供したが、学園は生徒と教師たちのための費用や、時には食料費にも窮迫した。一八二〇年、兄のクリスチャンがオスターオーデの紡績業を断念して、妻と三人の娘たちとともに学園に合流した。クリスチャンは、彼の財産を学園の活動のために投資したので、学園の増大する要求は満たされ、必要とされた建物も一八二二年に完成した。フレーベルと彼の助手たちの熱意と人間教育に基づく教育方法は、多くの生徒たちが急激に増えるほど成果を挙げたのであった(19)。

フレーベルの学園の生活は、秩序と面倒見のよさが行き渡り、懲罰は規則違反者が食事を一定量減らされることを除いて、ほとんど加えられなかった。日常の食べ物は質素で、長い休暇もほとんどなかったが、しかし夏の数カ月間は戸外で自然を直接学習したり、数日間の遠足がしばしば行われた。一方、学校での生徒の健康状態は軽い病気もほとんどなく、教育の実験としては、フレーベル自身の教育思想が実践に移され、疑う余地のないほど成功し、最盛時には生徒たちの数が六〇人を超えるまでに増加したのである(20)。

しかし、一八二六年にプロイセン政府の宗務当局から、学園が自由な政体を求める扇動的な陰謀の巣窟であるという不当な容疑をかけられ、学園は衰退し始めた。学園を調査したシュヴァルツブルク・ルードルシュタット地方の政治監督官の報告は全く好意的であったが、親たちへの悪意のある扇動により生徒たちの数は一八二九年には五人にまで減少した。一八三一年、フレーベルはカイルハウの事件の整理を同僚たちに任せ、友人の助けを得ようとフランクフルトに行った。フレーベルは、フランクフルトで自分の教育計画のための援助者を探している間、スイスの有名な自然主義者で、ルツェルン州ヴァルテンゼーの作曲家であるシュニーダー(Franz X. Schnyder, 1786-1868)と知り合いになった。彼は、シュニーダーの勧めにより一八三一年八月ヴァルテンゼーにカイルハウの姉妹校を開設したが、二年後には学園は同じルツェルン州のヴィリザウに移された。フレーベルの教育成果はベルンの教育当局の関心を引くほど成功し、彼は当局から三〇年前にペスタロッチが活動したブルクドルフに孤児院を設立することを要請され、またそこで初等教育の教師たちのために三ケ月間教育方法の研究と実践的な指導と訓練を行った。しかし、夫人が健康を害したことや当局の干渉や束縛が原因となって、一八三六年ヴィリザウの学園を同僚ミッデンドルフに委ね、フレーベルはブルクドルフを引き上げてカイルハウに戻ったのである(21)。

カイルハウに戻ったフレーベルは、一八三七年一月にカイルハウからバート・ブランケンブルクに移り住み、三月に「自動教授施設」(Autodidaktische Anstalt)を設立して「幼児と青少年の作業衝動を育成するための施設」(Anstalt zur Pflege des Beschäftigungstriebes der Kindheit und Jugend)と命名した。これは、まだ「幼稚園」(Kindergarten)と呼ばれる施設ではなく、幼児のための遊具製造の施設であって、一八三九年六月に「児童指導者の養成施設」(Bildungsanstalt für Kinderführer)が併設され、翌一八四〇年のグーテンベルク(Johannes G. Gutenberg, 1394-1468)の印刷術発明四〇〇年記念祭の六月二八日に正式に「普遍的ドイツ幼稚園」(Allgemeine Deutsche Kindergarten)と命名されたのである(22)。このように、世界最初の「幼稚園」の原型は、カイルハウに近い村ブランケンブルクの使われていない製粉所に開設された子どもたちのための教育施設と遊具製造所や、教師の訓練や若い女性を保母として教育する施設から成立したのである。

当初、フレーベルは施設の名称をいろいろ付けたが、しかしそうした名称が気に入らなかったようで、さらに適切な名を求め続けていた(23)。今日、世界中で使用されている「キンダーガルテン」(**Kindergarten**・子どもたちの庭・幼稚園)の呼称は、フレーベルの助手バーロップ(Johannes A. Barop, 1802-1878)によると次のような状況のもとで決まったとされている。すなわち、バーロップによれば、ある日ミッデンドルフと私はフレーベルとともに山道を超えてブランケンブルクへと歩いていた。フレーベルは、「幼少の子どもたちにぴったりした名前が思いつけばなあ」と繰り返していた。ブランケンブルクが我々の足下にあった。彼は、考え込んで歩いて行った。突然、彼は何かに取り憑かれたように立ち停まったままであった。彼の目は、言いようがないほど輝いた。それから、彼は「見つかった、施設はキンダーガルテンと呼ぼう」と山に向かって叫んだ。それで、天空の四方八方にこだまが反響した(24)。

フレーベルは、一八三七年から一八四〇年にかけて、新しく開設した施設の教育を広める週刊誌・『日曜誌』(Sonntagsblatt)を発行して、一八三七年に製作した子どもの教育遊具である「恩物」(Gabe)を紹介し、また一八四四年には母親への育児の手引きと歌や、子どもたちのための歌と絵をまとめた『母の歌と愛撫の歌』(*Mutter-und Koselieder*)を出版した。その間、フレーベルとミッデンドルフは、ドイツの大きな都市の幾つかで講演や講義をし、幼稚園の教育事業を続けるための寄付を呼びかけた。しかし、成果は少なく、財政の逼迫によりブランケンブルクの幼稚園は一八四四年に閉鎖され、カイルハウに移された(25)。

その後、フレーベルは、一八四四年から一八四五年に南ドイツで遊戯保育の宣伝をしたり、一八四六年から一八四八年の夏にかけて国民学校の教師と接触し、教師集会で国民教育の基礎としての幼稚園の理念を論じた。そして、一八四九年五月マイニンゲンのバート・リーベンシュタイン(Bad-Liebenstein)に幼稚園と女性保育者の施設を設立し、またその年の秋から翌一八五〇年の春にかけてハンブルクにおいて女性保育者のための養成講座を開いたりした(26)。この間に、いわゆるドイツ三月革命が勃発し、フランクフルト国民議会の開催と解散や帝位を巡る混乱があり、結果として政治状況はプロイセンを盟主とする旧ドイツ連邦への復古・反動へと変わって(27)、フレーベルの幼稚園は危機に陥った。すなわち、一八五一年八月七日、プロイセン政府によりフレーベル主義の幼稚園の禁止が布告された。幼稚園禁止令の原因は、フレーベルの甥のカール・フレーベルが書いた『女子大学と幼稚園』(*die Hochschule für Mädchen und Kindergärten*, 1849)が社会主義と無神論を原理にしているとプロイセン当局から見なされたことにあった(28)。

フレーベルは、彼の幼稚園教育の原理が不法でないばかりか、非宗教的でもないことを公にするために、それまで書いた本や小冊子をベルリンに送った。また、フレーベルの幼稚園の最もよき支援者であったマーレンホルツ - ビューロー(Bertha von Marenholtz-Büolow, 1810-1893)男爵夫人は、個人的にフレーベルの嘆願書をプロイセン王に仲介したり、さらにフレーベルの一八四九年以来の賛助者でドイツ国民学校の著名な教育思想家ディースターヴェーク(Friedrich A. W. Diesterweg, 1790-1866)をはじめ、多くの教育関係者や教師たちが参加した一八五二年六月三日のゴータにおける教育集会での抗議も空しいものであった。幼稚園の禁止令は、幼稚園の創設者フレーベルを苦しめ、彼の死を早める原因となった。フレーベルは、間もなく病床に伏し、一八五二年六月二一日マイニンゲンのマリーエンタールにおいて没した。遺骸は最後の住居のあったマリーエンタールの近くのシュヴァイナ(Schweina)の墓地に葬られ、墓には彼が考案した遊具の第二恩物である「立法体」(Würfel)と「円柱」(Walze)と「球」(Kugel)が台座に重ねられて墓碑とされ、墓碑には「さあ、我々の子どもたちのために生きよう」(Kommt, lasst uns unsern Kindern leben !)というフレーベルのモットーが刻まれている[29]。

3 児童観と教育の目的

フレーベルの児童観は、彼の主著『人間の教育』における人間観において窺うことができる。彼によれば、すべてものには永遠に存在する神である統一者の永遠の法則が根底に働き支配していて、万物は神性・神から生み出された唯一のものとして性格づけられているのであり、神がその根源であって、すべてのものが神のうちに存在し、生かされているのである[30]。したがって、万物の一つである人間は、神性が人間の形のうちに表れたものとして認識されるべきであり、神の恩寵として保護されなければならないのである(31)。フレーベルによれば、人間は「神的、地上的、人間的な素質」(göttlichen, irdischen und menschlichen Anlagen)を持つ存在であり、また人間は神と自然と人類、統一と個別と多様性のうちで把握されなければならないし、同時に現在、過去、未来をはらむものとして考察され、注意して取り扱われなくてはならないのである(32)。

このようなフレーベルの人間観においては、人間の使命は、神と自然の子として、神と自然の本質や自然的なものと神性、また地上的なものと天上的なものや、有限なものと無限なものを一致と調和のうちに実現することなのである(33)。そして、このような人間観から、「有限なもののうちに無限なものを、時間的なもののうちに永遠を、人間的なもののうちに神性を実現するということ、すなわち人間による人間の生活において人間の根源的な神的本質をすべての面で保護することによって実現するという、あらゆる教育や教授とすべての授業の唯一の目的が、疑問の余地なく立ち現れ、明らかになるのである」(34)。

一方、フレーベルの児童観は、また彼の人間観が前提となっている。彼によれば、人間は子どものうちに全体として見られるのであり、また人類と人間の生は幼年時代に統一として見られるのであって、子どものうちには人間の未来の活動が芽として見られるのである(35)。フレーベルによれば、大人の思考や感覚、知識や技量の対象となるものは、子ども時代にその芽が開くのであり、将来の授業や教授の対象となるものは子ども時代にすでに芽吹いているのである(36)。

フレーベルのこの児童観は、子どもを大人として見るのではなく、子どものうちに大人となるものの源があると考える児童観である。彼は、大人は自分のうちに幼児や児童であったころの発達の段階を見ることをせず、大人が子どもを自分と全く異なった類の存在と考えていることは極めて有害であると述べ、単なる年齢的な過程で幼児期や児童期が終わるという誤った児童観に対し、子どもは子どもの精神や身体の要求を満たして、子どもの時代を終えるのであると述べている(37)。そして、子どものうちに徐々にいろいろなかたちで子どもの生命が発達していくことを見ずに、子どもはもともと空虚なものと考える人たちがいる(38)と、フレーベルは子どもについての無知を批判しているのである。

このような児童観に基づいて、フレーベルは、人は子どもの時代に取り込んだもの、幼い時代に受けた印象を超克することはほとんどないので、人間の発達の最初の段階が大変重要である(39)と、幼児期の教育の重要性を述べている。彼によれば、幼児の時代は外のものを通して内なるものに結びつけ、外界と内面を統一する人間の本当の教育が最初に始まるので、この幼児の教育の段階は極めて重要なのである(40)。

こうしたフレーベルの幼児の発達観や教育観に基づいて、彼の幼児の教育や保育の具体的な目標が論じられる。すなわち、幼児の成長・発達において、第一に問題とされるのは感覚である。フレーベルによれば、外界を内面に取り入れて統一する手段が感覚器官であり、子どものうちで最初に発達する感官は聴覚であって、聴覚に条件づけられ、刺激されて次に視覚が発達する。この二つの感覚が発達すれば、子どもは外界の事物を対照し、言葉や記号と照合して事物との結合や統一ができるようになり、事物の認識に至ることができるのである(41)。

また、感覚の発達に伴い、子どもには身体・四肢を使用する能力が発達することから、子どもは遊びや遊戯を始めるのである。フレーベルは、「遊ぶこと・遊戯は、子どもの発達の最高の段階」(Spielen, Spiel ist die höchste Stufe der Kindesentwickelung)であり、その段階の人間、すなわち子どもの「最も純粋な精神の所産」(das reinste geistigste Erzeugnis)である(42)ので、子どもの遊戯と「子どもの遊戯の保育」(die Pflege des Kindesspieles)を奨励している(43)。フレーベルによれば、幼児の時期は「形成衝動」(Bildungstrieb)の萌芽の時期であるので、子どもの「固有の作業の活動」(die Tätigkeit des eigentlichen Arbeitens)を軽視せず(44)、身体を虚弱にしないためにも子どもを長く寝かしたりしないで、子どもの表現や活動を活発にさせる必要があるのである(45)。

そして、子どもは、感覚や四肢の活動が発達すると、自分の内なるものを外に表現しようとする言語活動が始まるので、外界の事物を理解するために、言語・言葉の意味を子どもに正確に学ばせることが必要となる(46)と、フレーベルは述べている。さらに、フレーベルにおいては、子どもの生活が広く開かれるなかで、線を描き表現する図画が事物と言葉との仲介として重要視され(47)、またその延長として数の概念と数量関係を認識する必要性が説かれている(48)。このような幼児教育の基本的な教育目標は、まさにフレーベルの幼稚園の開設に伴い、感覚、言語、体育、図画、数などの教授として実践され、その後改善されて現代の保育や幼児教育の原理の原点として受け継がれてきているのである。

4　幼稚園の理念と目的

世界最初の幼稚園の原型は一八三七年三月に開設されたのであるが、正式な幼稚園創設の日はグーテンベルクの印刷術発明四〇〇年を記念して「普遍的ドイツ幼稚園」と命名された一八四〇年六月二八日とされている。しかし、一〇年余り後の一八五一年八月七日、フレーベルの幼稚園は、プロイセン政府の布告で禁止された。幼稚園禁止令が撤廃されたのは、一八六〇年三月一〇日であり、フレーベルの幼稚園は彼の死後八年間も陽の目を見ることがなかった。しかし、フレーベルの死後フレーベル主義の幼稚園運動や幼稚園禁止令の撤回運動が、彼の有力な支援者であったマーレンホルツ・ビューロー男爵夫人やディースターヴェークなどの進歩的教師と自由主義的勢力によって展開された。とりわけ、マーレンホルツ・ビューロー夫人は、幼稚園禁止令が出されても、ヨーロッパ各国でフレーベル主義の幼稚園の普及に努め、幼稚園禁止令が撤廃された一九世紀後半のドイツ幼児教育界においてフレーベル主義の幼稚園を主流に導いたのである[49]。

ところで、このようなフレーベルの幼稚園の基本となる教育の理念や目的はどのようなものなのであろうか、また彼はどのような企図を幼稚園に託し、幼稚園の目的をどのように考えていたのであろうか。

フレーベルの幼稚園の理念や目的は、幼稚園を創設する以前に彼の教育思想を綴った主著『人間の教育』や、幼稚園教育の延長としての家庭教育のために出版した著作『母の歌と愛撫の歌』よりも、グーテンベルク四〇〇年記念祭に関連して幼稚園創設の支援を訴えたパンフレットである「一八四〇年の幼稚園の設立計画」(*Plan zur Begründung eines Kindergartens vom Jahre 1840*)と、一八四三年のミッデンドルフやバーロップと署名している文書「ドイツ幼稚園に関する報告と弁明」(*Nachricht und Rechenschaft von dem Deutschen Kindergarten*)において直接明らかにされている。そこで、これらの論考に基づいてフレーベルの幼稚園の理念と目的について論究してみよう。

フレーベルの創設した「ドイツ幼稚園」の目的は三つあり、彼によれば、第一の目的は「就学年齢前の子どもたちを養護することだけでなく、むしろ子どもたちに彼らのすべての本質にふさわしい活動を与えて彼らの身体を強くし、また彼らの感覚を鍛錬して覚醒しつつある精神を活動させることであり、さらに自然と人間の世界とに関する思慮深い認識を形成することであって、特に心情と感性を適正に指導して生命の根源に、また統一へと導くことである」[50]。第二の目的は、「人々に、特に両性の若い人たちに子どもの正しい導き方や取り組み方を教えることであり、母親には幼児の保育における良い女性の助手を与え、家庭にはより良い世話をする女性や女性教師を提供し、託児所と他の幼稚園には熟練した保母と判断力の優れた子どもの指導者を提供することである」[51]。そして、第三の目的は「ドイツ幼稚園は、さらにまた子どものより良い保育を共有の財産とするためにふさわしい遊具、すなわち子どもの発達段階に相応し、また人間の本質に基づく遊戯や遊戯法の周知と普及を目的としなくてはならない」[52]のである。

このように、フレーベルの幼稚園が目的とする第一の要点は、子どもがただ保育されればよいという外的な必要を充たす託児所ではなく[53]、「学齢までの子どもの生命の全面的な保育のための施設」(Anstalt zur allseitigen Pflege des Kinderlebens bis zum schulfähigen Alter)[54]であり、幼少期の子どもの保育を「人類の歴史におけると同様に自然において、また神の啓示にあらわれている諸法則に、そして純粋な思考の諸要求に基礎づけること」[55]なのである。いわば、フレーベルの幼稚園は、子どもの身体的、知的、道徳的な全面的発達を社会と自然と宗教との関連において配慮する保育であり、その基底には「さらに、子どもの生命と子どもの活動の真の保育、つまり純粋な子どもの本質の発達や形成と陶冶や明証によって教育すること」[56]という、フレーベルの根本的な教育理念が窺えるのである。

第二の点は、フレーベルの幼稚園が子どもの幼児教育の施設というだけでなく、また「保母たちと教育者たちの育成のための施設」(Anstalt zur Bildung von Kinderpflegerinnen und Erziehern)[57]も併設し、「母親のために、世話や用事、子どもの教育的保育を引き受けられる」(für die Mutter die Wartung und Beschäftigung, die erziehende Pflege des Kindes übernehmen können)[58]保母や教師が養成されるのである。この理念や目的の具体化は、前述の一八三九年六月にブランケンブルクの幼稚園に併設された「児童指導者の養成施設」で実践されていたのであるが、それまでほとんど考えられなかった保母や女性教師の養成という思想は、幼稚園での幼児の保育や教育とともに、フレーベルの幼稚園事業に伴う重要な理念と目的であったのである。

第三には、フレーベルが子どもの「作業衝動」(Beshäftigungstrieb)に教育的意味づけとして考案した遊具に関するもので、すでに一八三七年以来製造してきた教育遊具・恩物と、その使用方法の普及・徹底を図るということである。フレーベルによれば、子どもは生命として発達のために活動しようとする衝動をうちに持つ存在であり、その子ども自身の活動に従事しようとする「作業衝動」は、「行うこと」(zu tun)や「感じること」(zu empfinden)と「考えること」(zu denken)という人間の三つの創造的な活動に一致する正しい保育により人間的に発達可能なのであって、そうした子どもの活動の対象、感覚や手の動きの対象が恩物なのである[59]。

恩物は、原語が「Gabe」(与えられたもの)であるように、幼稚園の保育で子どもたちに与えられる毛糸や木製の球や円柱や立方体などの遊具であり、基本的には幼児期に適用される六種類の遊具があるが、その応用の遊具が子どもの精神的、身体的な発達に即応して、簡単なものから複雑なものへと順序づけて提供される。子どもは、教師の指導のもとに恩物を使って遊ぶなかで、手と目を正確に使うことにより、精神的、身体的な発達が促進されるのである。このような遊びの道具を教材とすることは、フレーベルが見聞したペスタロッチのブルクドルフの学園の教育で行われていたことであるが、フレーベルがそれをさらに徹底して具体化し、就学前の三歳からの幼児のための教育的遊具として考案・製作したことが、幼児教育史上において画期的なことなのである。

5　評　価

フレーベルの教育事業や彼の幼稚園創設の理念と、また彼の主著における児童観とその教育目的について論究してきたが、終わりに教育史ないし教育学上のフレーベルと幼稚園の評価を総括として言及しよう。前述したように、フレーベル主義の幼稚園がプロイセンで禁止された経過から、幼稚園は海外、特にアングロ・サクソンの国々で受け容れられて盛んとなり、したがってその教育史上の論評もまず二〇世紀の前半のイギリスやアメリカの論著において見ることができる。二〇世紀の初頭、イギリスの教育者ボードマン(James H. Boardman, 1871-?)は、フレーベルは子どもの本性を注意深く観察・研究し、子ども自身のためのものを見出すように子どもを導くことで、子どもの創造性の能力を促進することに努めたと評価し、その方法の教具としてフレーベルは恩物を考案したと述べている。また、ボードマンは子ども自身が楽しみのうちに保育され、教育され得るのは、幼稚園においてのみ可能であると[60]、フレーベルとその幼稚園を高く評価しているのである。

一方、二〇世紀も半ばに近い一九四五年、アメリカのハーバード大学の教育学者R・ウーリッヒは、フレーベルは人類の再建の根本として初等学校の改革を考え、ペスタロッチを越えて幼稚園の設立のために奮闘した「近代進歩主義教育の偉大な鼓吹者たちの一人」(one of the great inspirers of modern progressive education)[61]であると評価し、またドイツのキール大学教育史の教授F・ブレットナーは、フレーベルがルソーとペスタロッチの教育理念に新しい生命を与えたと述べ、彼を人類の偉大な教師として評価している[62]。

また、二〇世紀の後半では、一九五二年フレーベルの一〇〇年忌を記念して講演したドイツの代表的な文化教育学者シュプランガー(Eduard Spranger, 1882-1963)は、フレーベルの思想をロマン主義の脈絡で捉え、フレーベルが設立した幼稚園を、ロマン主義が重きを置く人間と神との関係への回帰として、人間のうちにある神的なものの芽を育てる場であると解釈している[63]。同じく一九五二年には、実存哲学的な解釈学的教育学者ボルノー(Otto F. Bollnow, 1903-1991)がシュプランガーの七〇歳の誕生記念に著した『ドイツ・ロマン主義の教育学』(*Die Pädagogik der deutschen Romantik*)でフレーベルを大きく取り上げ、フレーベルはペスタロッチがそうであったように、全く偉大な教育者群像のうちの一人であり、フレーベルは彼の本質の最も内奥の核心から教育家なのであると高く評価している(64)。また、フレーベルの決定的な功績は幼稚園の創立にあり、そして幼児の特有な世界を最初に本格的に解明したという功績も彼にあるのであって、こうしたフレーベルの学説を理解するにはロマン主義を前提にしなければならない(65)と、ボルノーは述べている。

さらに、ボルノーの師でもあったゲッチンゲン大学教育学教授H・ノールも、一九八五年の教育史的な著作『教育者群像』(*Erziehergestalten*)において、フレーベルの教育学はロマン主義の最も本来的な美しさから成長し、また「幼稚園はその本質の最も内奥においてロマン主義の着想である」(Kindergarten ist im Innersten seines Wesens eine romantische Konzeption)(66)と評している。

周知のように、フレーベルが生きた一九世紀初頭のロマン主義は、一八世紀後半からの「疾風怒濤」(Sturm und Drang)の運動が標榜した人間の感情や個性の自由な発現と精神の在り方を求めた時代思潮であるが、ボルノーはロマン主義における人類全体の更新の理念を個々人の道徳的な「生の根源への回帰」(Rückgang zu den Ursprüngen des Lebens)と捉えている。そして、そうしたロマン主義的思惟を、フレーベルにおいては子どもとの遊戯と交わりによる大人の生の根源への回帰と解釈し、それをフレーベルの幼稚園や遊具に見出しているのである(67)。

フレーベルの教育哲学は、後世のドイツ語圏の教育学者たちによって以上のように意味づけられているが、言うまでもなくフレーベルと彼が創始した幼稚園は英語圏やドイツ語圏を問わず、高い評価を得ているのである。しかし、他方でイギリスでは、フレーベルの方法における恩物の取り扱いの順序において無謬性が主張されているのではないかという、恩物や遊戯の方法の形式主義化への疑問(68)や、またフレーベルの感覚の発達についての論述は近代的ではなく、心理学的観点の代わりに形而上学的観点を採用し、弁証法的方法に依拠しているので、その結果ルソーと比較して見劣りするという批判もあるのである(69)。

また、アメリカでも実験的経験主義に依拠する進歩主義の教育陣営から、フレーベル主義者はフレーベルの神秘的象徴主義に閉鎖的に拘泥しているという批判が展開されている(70)が、我々はシュプランガーに従って、フレーベルはペスタロッチとともにドイツ語圏が生んだ天才的な教育者であり、彼の創設した子どもの庭・キンダーガルテンという美しい名称はすべての文明諸国に広まり、初等教育学校の年少の段階に幼稚園の精神が入り込むという好ましいことになったと言うべきであろう(71)。

さらに、日本においては、幼(稚園)保(育所)一元化という課題があり、教育機関としての幼稚園と福祉施設としての保育所を関連づける問題がしばしばに説かれてきた。そこで、このような日本の幼保一元化論との関連で、フレーベルの幼稚園の重要な意義を指摘しておこう。

フレーベルは、一八四三年の「ドイツ幼稚園に関する報告と弁明」において述べているように、彼が幼稚園を設立したのは時代の要求として家庭教育での就学前の子どもたちの教育が十分でないと考えたからである。フレーベルによれば、幼稚園創設の意図は、そうした社会や家庭に必要な手助けをすることを目的にしているのであり、当時国民の下層階級のためにすでに「託児所」(Bewahranstalt)が重要な役割を果たしていたが、一方で幼児の保育や教育に必要である有能な保母や女性教師が不足し、子どもたちはただ養護のみで、彼らの発達の指導が不十分なのであった(72)。すなわち、フレーベルは、託児所に教育的保育が必要であることを主張しているのであり、まさしく幼稚園はそのために設立された施設であって、彼は子どもの望ましい発達のために遊具や作業を考案し、それまでの託児所の役割に新たに教育的な機能を取り入れ、託児所の保育を教育的保育へと止揚する幼稚園を創設したと言えるのである。

しかし、フレーベルが続けて述べているように、カイルハウの幼稚園はルードルシュタットの上流階級の子どもたちのための「家族幼稚園」(Familien-Kindergarten)として栄え、またフランクフルトやゲラにおいても幼稚園は中産階級に歓迎されたのである(73)。一方で、子どもが数時間の作業ではなく、終日活動する「完全な幼児保育施設」(vollständige Kinderpflegeanstalt)を求める他の地方からの一般の声に応えて、幼稚園が本来の姿、つまり「真の託児所」(echte Bewahranstalt)になるべきであると述べ、幼稚園の根本理念に従って古いものと新しいものを融合し、「朝から夕方まで」(von Morgen bis Abend)子どもたちの養護と教育を行うことができると述べている(74)。このようなフレーベルとその幼稚園の理念には、時代は隔たっているが、特に日本で問題や課題にされている幼稚園と保育所の役割・機能を統一する幼保一元化論の先駆的な実践の在るべき思想を読みとることができるのである。

註

(1) *Friedrich Fröbel's gesammelte pädagogische Schriften*, hrsg. von Wichard Lange, Abteilung 1, Bd.1, Enslin, Berlin 1862, S.32. ―以後 L., Abt.1, Bd. -, S.-. と略記。

(2) ibid., S.49ff.

(3) ibid., S.52ff.

(4) ibid., S.58ff., S.62.

(5)(6) ibid., S.74.

(7) ibid., S.75.

(8) ibid., S.96.

(9) ibid., S.101.

(10) ibid., S.106. グルーナーと同様に、ペスタロッチのブルクドルフの学園に一八〇三年五月末から半年間ほど滞在したプラーマンが、帰国後一八〇五年ベルリンに開設したペスタロッチ主義の学校であり、プロイセンのペスタロッチ運動の拠点となった学校で、プロイセン・ドイツの宰相になったビスマルク(Otto E. L. von Bismarck, 1815-1898)が同校で初等教育を受けている。

(11) ibid., S.107f.

(12) J・H・ボードマン著、乙訓稔訳『フレーベルとペスタロッチ―その生涯と教育思想の比較―』東信堂、二〇〇四年、六五頁～六七頁。James Horald Boardman, *The Educational Ideas of Froebel and Pestalozzi*, Normal, London 1904, 2 ed.1905, p.31.
(13) 前掲乙訓稔訳書、六七頁～七〇頁。ibid., pp.31f.
(14) 同前書、七一頁。ibid., p.33.
(15) 同前書、七一～七三頁。ibid., p.33f. Helmut Heiland, *Friedrich Fröbel*, Rowohlt, Hamburg 1982, S.104f.
(16) 前掲乙訓稔訳書、七四頁～七五頁。pp. Boardman, p.35., vgl. Heiland, a.a.O., S.123ff.
(17)(18)(19)(20) 前掲乙訓稔訳書、六六頁～六八頁。pp., Boardman, p.31f.
(21) 同前書、七一～七二頁。ibid., p.33.
(22) Heiland, a.a.O., S.104f.
(23) 前掲乙訓稔訳書、七二頁。pp. Boardman, p.33f.
(24) L., Abt.1, Bd.1, S.13. このエピソードの出来事は、編者ランゲの解説による「バーロップの報告」では年月日が明らかにされていないが、一八四〇年の春のこととされている(Johannes Prüfer, *Friedrich Fröbel, Sein Leben und Schaffen*, Teubner, Leipzig und Berlin 1927, S.92.)。
(25) vgl. Heiland, a.a.O., S.107f., 前掲乙訓稔訳書、七二頁～七三頁。pp. Boardmann, p.34.
(26) vgl. Heiland, a.a.O., S.112, S.115, S.118f.
(27) 小笠原道雄著『フレーベルとその時代』玉川大学出版部、一九九四年、三七七頁。同書の一一章の一と二には、フレーベルの当時の政治状況との関連での彼の姿勢や信条が、幾つかの書簡を資料として詳しく論じられている。同著によれば、フレーベルは一八四八年の民衆蜂起に大いに期待し、市民革命に敬意を表するとともに、市民革命よる教育改革と幼稚園の理念の徹底を配慮していたのである(同前書、三七九頁〜三八一頁)。

(28) Heiland, a.a.O., S.120.

(29) 前掲乙訓稔訳書、七四頁〜七五頁。pp., Boardman, p.35., vgl. Heiland, a.a.O., S.123ff.

(30) Friedrich Fröbel, *Die Menschenerziehung*, Friedrich Fröbel Ausgewählte Schriften, Bd. 2, hrsg. von Erika Hoffmann, Klett-Cotta, Stuttgart 1982, S.7.

(31) (32) ibid., S.17.

(33) ibid., S.18f.

(34) ibid., S.16.

(35) ibid., S.31.

(36) ibid., S.51.

(37) ibid., S.25f.

(38) ibid., S.43.

(39) ibid., S.22.

(40) ibid., S.34f.

(41) ibid., S.32f.

(42) (43) ibid., S.36.

(44) ibid., S.30.

(45) ibid., S.33f.

(46) ibid., S.34.

(47) ibid., S.47f.

(48) ibid., S.49.
(49) 岩崎次男著『フレーベル教育学の研究』玉川大学出版部、一九九九年、三三一頁〜三三二頁参照。
(50) *Friedrich Fröbel's gesammelte pädagogische Schriften*, hrsg. von Wichard Lange, Abteilung 2, Enslin, Berlin 1862, S.469f. 以後 L., Abt.2, S.-. と略記。
(51) (52) ibid., S.470.
(53) ibid., S.459.
(54) (55) ibid., S.460.
(56) ibid., S.462.
(57) ibid., S.464.
(58) ibid., S.459.
(59) vgl. ibid., S.18f., S.24.
(60) 前掲乙訓稔訳書、一二〇頁〜一二二頁参照。 pp., Boardman, p.59f.
(61) Robert Ulich, *History of Educatinal Thought*, American Book, New York 1945, p.291.
(62) Fritz Blättner, *Geschichte der Pädagogik*, Quelle und Meyer, Heidelberg 1958, S.144, S.149.
(63) シュプランガー著、小笠原道雄・鳥光美緒子訳『フレーベルの思想界より』玉川大学出版部、一九八三年、四四頁。
(64) Otto Friedrich Bollnow, *Die Pädagogik der deutschen Romantik, Von Arndt bis Fröbel*, Kohlhammer, Stutgart 1952, S.107.
(65) ibid., S.110.
(66) Herman Nohl, *Erziehergestalten*, Vandenhoeck und Ruprecht, Göttingen 1958, S.42.

（67）vgl., Bollnow, a.a.O., S.222f.
（68）Frank Herbert Hayward, *The Educational Ideas of Pestalozzi and Fröbel*, Lalph, London 1904, rpt.1915, P.108.
（69）Robert Robertson Rusk, *A History of Infant Education*, University of London Press, London 1933, 2 ed.1951, p.55.
（70）長尾十三二著『西洋教育史』東京大学出版会、一九七八年、一九九四年二版二刷、二四〇頁参照。
（71）シュプランガー前掲書、五二頁、一四頁、四五頁参照。
（72）vgl. L., Abt.2, S.469.
（73）ibid., S.478.
（74）ibid., S.481f.

タ行

ナ行

ハ行

マ行

サ行

事項索引

マ行

ラ行

ワ行

人名索引

著者略歴

乙訓 稔(おとくに・みのる)

1943年　東京都生まれ
1967年　上智大学文学部教育学科卒業
1972年　上智大学大学院文学研究科教育学専攻博士課程修了
1995年　スイス連邦共和国チューリッヒ大学留学(客員研究員)
2002年　博士(教育学・上智大学論文)
　　　　教育哲学・教育思想専攻

主要著訳書:『人間形成の思想』(共著、学習研究社)、『現代教育学』(共著、東信堂)、『道徳教育』(共著、東信堂)、『新しい教育の探究』(共著、東信堂)、『ペスタロッチの哲学と教育学』(単訳、東信堂)、『ペスタロッチとルソー』(単訳、東信堂)、『ペスタロッチ—その生涯と理念—』(単訳、東信堂)、『ペスタロッチと人権—政治思想と教育思想の連関—』(単著、東信堂)、『フレーベルとペスタロッチ—その生涯と教育思想の比較—』(単訳、東信堂)。

西洋近代幼児教育思想史——コメニウスからフレーベル——

2005年4月5日　初　版 第1刷発行　〔検印省略〕

*定価はカバーに表示してあります

著者 © 乙訓稔　発行者 下田勝司　印刷・製本　中央精版印刷

東京都文京区向丘 1-20-6 郵便振替 00110-6-37828　発行所
〒113-0023　TEL (03) 3818-5521(代)　FAX (03) 3818-5514　株式会社 東信堂
E-Mail tk203444@fsinet.or.jp

Published by TOSHINDO PUBLISHING CO., LTD.
1-20-6, Mukougaoka, Bunkyo-ku, Tokyo, 113-0023, Japan

http://www.toshindo-pub.com/

ISBN4-88713-606-4 C3037 ©M. OTOKUNI

東信堂

大学の自己変革とオートノミー—点検から創造へ　寺﨑昌男　二五〇〇円

大学教育の創造—歴史・システム・カリキュラム　寺﨑昌男　二五〇〇円

大学教育の可能性—教養教育・評価・実践　寺﨑昌男　二五〇〇円

大学の授業　宇佐美寛　二五〇〇円

大学授業の病理—FD批判　宇佐美寛　二五〇〇円

作文の論理—〈わかる文章〉の仕組み　宇佐美寛編著　一九〇〇円

大学の指導法—学生の自己発見のために　児玉・別府・川島編　二八〇〇円

大学授業研究の構想—過去から未来へ　京都大学高等教育教授システム開発センター編　二四〇〇円

学生の学びを支援する大学教育　溝上慎一編　二四〇〇円

戦後オーストラリアの高等教育改革研究　杉本和弘　五八〇〇円

私立大学の財務と進学者　丸山文裕　三五〇〇円

私立大学の経営と教育　丸山文裕　三六〇〇円

公設民営大学設立事情　高橋寛人編著　二八〇〇円

校長の資格・養成と大学院の役割　小島弘道編著　六八〇〇円

短大ファーストステージ論　高鳥正夫・舘　昭編著　二〇〇〇円

短大からコミュニティ・カレッジへ—飛躍する世界の短期高等教育と日本の課題　舘　昭編著　二五〇〇円

〔シリーズ 大学改革ドキュメント・監修寺﨑昌男・絹川正吉〕

立教大学〈全カリ〉のすべて—リベラル・アーツの再構築　全カリの記録編集委員会編　二二〇〇円

ICU〈リベラル・アーツ〉のすべて　絹川正吉編著　二三八一円

〔講座「21世紀の大学・高等教育を考える」〕

大学改革の現在〔第1巻〕　有本　章・山本眞一編著　三二〇〇円

大学評価の展開〔第2巻〕　山野井敦徳・清水一彦編著　三二〇〇円

学士課程教育の改革〔第3巻〕　絹川正吉・舘　昭編著　三二〇〇円

大学院の改革〔第4巻〕　江原武一・馬越　徹編著　三二〇〇円

〒113-0023　東京都文京区向丘１−20−６　☎03(3818)5521　FAX 03(3818)5514　振替 00110-6-37828
E-mail:tk203444@fsinet.or.jp

※定価：表示価格（本体）＋税